我国非营利组织税收政策问题研究

李向辉 ◎ 著

中国财经出版传媒集团
中国财政经济出版社

图书在版编目（CIP）数据

我国非营利组织税收政策问题研究／李向辉著．—北京：中国财政经济出版社，2017.11

ISBN 978－7－5095－7871－1

Ⅰ．①我…　Ⅱ．①李…　Ⅲ．①非营利组织－税收政策－研究－中国　Ⅳ．①F812.422

中国版本图书馆 CIP 数据核字（2017）第 285510 号

责任编辑：杨　骁等　　　责任校对：张　凡

封面设计：王　颖　　　版式设计：录文通

中国财政经济出版社 出版

URL：http：//ckfz.cfeph.cn

E－mail：cfeph@cfeph.cn

社址：北京市海淀区阜成路甲 28 号　邮政编码：100142

营销中心电话：88191537

天猫网店：中国财政经济出版社旗舰店

网址：https：//zgczjjcbs.tmall.com

北京财经印刷厂印刷

880×1230 毫米　32 开　7.5 印张　170 000 字

2017 年 11 月第 1 版　2017 年 11 月北京第 1 次印刷

定价：38.00 元

ISBN 978－7－5095－7871－1

（图书出现印装问题，本社负责调换）

本社质量投诉电话：010－88190744

自 序

2007年我有幸考入中国人民大学财政金融学院，攻读税收学方向博士研究生。刚入学不到一个月，我的博士生导师岳树民老师就召集我以及其他两名同学探讨关于毕业论文的相关事项。说实话，那时的我对税的理解仅仅停留在实务层面，远没有深入到理论乃至法理的角度来解读税。当时我对非营利组织的了解也仅停留在概念的层面，至于我国非营利组织本身现状乃至其税收政策，更是一头雾水。在这种情况下，导师从税收理论、税收实践、法理以及经济学等多方面对我国非营利组织及其税收政策进行讲解，并在我撰写的过程中不断修正其中的观点、论证方法、文章的结构框架乃至文字表述。在博士论文答辩完成之际，岳老师就跟我讲要尽快将此文整理刊印，但是由于我个人的原因一直没能完成此事。

在研究我国非营利组织现状的过程中，我的脑海中常常会浮现电影《人在囧途》中的一个场景。成功商人李成功和打工者牛耿在街头遇到“女骗子”跪求路人施舍2000元救5岁女儿。牛耿主张捐钱给“女骗子”，而李成功却认为此人就是街头骗钱的骗子，不能捐款。两人就捐钱与否产生争执。最后牛耿不听从李成功的劝阻，毅然决然地捐助。牛耿捐款后也没有等到“女骗子”履行承诺还钱，剧情到这里似乎就这样以牛耿受骗而结局。但后来剧情峰回路转，“女骗子”是一个美术老师，坚守美术的梦想，为了救治失明的小女孩而放下尊严上街乞讨。李成功和牛耿得知真相后将身上所有的钱都偷偷地放在孩子的书包里。这段情景从侧面反映了我国非营利组织所处的现状和捐赠行为的现实状况：首先，人们对非营利组织获取的资金是否用于其所承诺的使用方向心存疑虑。其次，我国实际上从不乏怀揣爱心乐于捐助之人，如电影中的牛耿，他们在汶川、玉树地震发生后的踊跃捐款；也不乏对公益事业淡然冷漠的看客，如电影中围观的路人；还有有能力捐赠但处于摇摆中唯恐被欺骗之人，这类人在能确定捐赠的公益性后主动捐赠，如电影中的李成功。当然，对于是否捐赠我们不能采取道德绑架的方式，比如电影中牛耿认为李成功那么有钱，就应该捐赠；也不能让捐赠人对捐赠对象是否诚实、捐赠资金是否用于公益产生疑虑，如影片中的美术教师。捐与不捐的核心焦点在于受捐对象（组织或个人）是否将其所获捐的款物用于其所承诺的公益或其他宗旨，尤其是非营利组织的公益宗旨。对于税收政策而言，就是受捐对象（或非营利组织）将所获捐赠或其组织的资金是否用于公益或是获利，以判定其是实行优惠还是其他税收政策。税务机关对非营利组织采取何种税收政策的判断应该以运营全过程和款物的最终指向为依据，非营利组织也应遵守章程所承诺的契约，按照章程承诺运营组织。按照委托代理理论，由于非营利组织委托人的缺位，代理人进而占据组织的“强势地位”，组织在失去委托人（或所有权人）制约和相应的法律缺位的情况下，难保不出现各类问题，如利益输送、以公益的名义诈骗、敛财等等，从而对作为以公益为主旨的非营利组织的公益性蒙上阴影。现实中的情形无不在印证理论的分析，据民政部社会组织管理局 2016 年公布的信息，该局所掌握的离岸社团和山寨社团截止到 2016 年 10 月 9 日总计 1287 个。这些伪社团的伪公益活动无疑会伤害非营利组织的公信力。再加上合法非营利组织的负面问题频发，尤其是2011年“郭美美事件”爆发以来，非营利组织的公信力开始受到公众的质疑，造成巨大的信任危机，损坏了非营利组织在公众中公益的形象，更加令人担忧的是信任危机也许会致使我国非营利组织陷入严重的生存困境，进而可能会影响整个社会信任与诚信意识的丧失。据2016年中国社会统计年鉴中社会捐赠情况显示，2011—2015年社会捐赠给各类社会组织的金额分别为393.5亿元、470.8亿元、458.8亿元、287.1亿元以及610.3亿元，2011年“郭美美事件”爆发的当年，捐赠金额陷入低谷，随后的年度虽然有所提高，但相较国民生产总值的增速来讲，捐赠金额增幅很低。解决我国非营利组织当前所面临的信任危机，仅仅依靠组织自我辩白无从证实其所披露信息的可靠性，因而构建一整套推进非营利组织提升公信力的制度安排就显得尤为重要。税收政策的良好构建无疑会对提升非营利组织的公信力起到关键的作用，从我国税法到国外税法的制度安排上，其核心都在强调非营利组织的公益性，并围绕公益性与否赋予非营利组织相应的税收政策，可以说税法对非营利组织的政策安排上的约束作用，无疑从侧面增添非营利组织公益性和公信力的砝码。因而制定一套良好的非营利组织税收政策无疑能够促进非营利组织公信力的提高，进而保障其更加健康地发展。

经济人假设作为经济学研究的起点在激发人的竞争意识的同时，也将个人以自我利益最大化的内生动力发挥得淋漓尽致，而在一定的时间和技术水平限度内资源有限性的假设使得人类在无限需求和有限资源之间进行着抉择，在秩序混乱或有效约束的法治没有建立的前提下，斯宾塞的社会达尔文主义无疑为“物竞天择、适者生存”的自然丛林法则渐入人心提供了理论基础，西方国家正是在这种理论指导下，凭借工业革命成功的先进技术，对后发展的国家进行着疯狂的资源掠夺。作为个人，利益最大化的直接体现就是对现有资源的疯狂掠夺，来满足自身不断膨胀的需求。在以人类社会发展和各自国家富强为目标刺激下，至少造成两方面的后果，一方面因人性贪婪无节制地掠夺自然资源，以自然资源被野蛮破坏为代价——水土流失、环境污染、森林被砍伐、土地沙化、洪水暴发、气候变暖等问题频现；另一方面因个人谋取资源手段的强弱差异，势必以强者越强（所获得的资源越多）和弱者越弱（所获得的资源越少）作为结局，而出现现如今的贫富两极分化。人性的自私贪婪在没有任何约束措施的前提下，将导致环境的破坏和资源的匮乏。为解决这一难题，强有力的政府以税收为手段，通过税收再分配以转移资源分配的自然法则，力求减少公共利益"搭便车"的情况出现；自发组织成立的互益组织和公益组织也在对弱势群体和毁坏的自然环境进行救助和拯救。人类对自然和弱者的救赎就是在自我救赎，试想一下，如果您每天都生活在沙尘漫天和雾霾笼罩的环境中，您的身心会如何？如果您每天都生活在饿殍满地和战火纷飞的社会中，您所拥有的财富还能安全吗？如果您生活在一个充满欺诈和谎言的环境中，您还能够再去相信谁？社会的前行和人类的进步应该是人与环境、人与人之间和谐发展。正是基于此，我们党和国家才提出科学发展观，重申全球治理理念，提出和谐社会，提出社会主义核心价值观。非营利组织无疑在社会和谐和进步中发挥着积极的作用，从世界范围来看，它符合全球治理的共同发展理念；从国家范围来看，基于社会和人文关怀的角度，它能够抚平社会阶层的裂痕，矫正社会发展进程中资源分配的不平衡，使得弱势群体得以救助和帮扶。从自然环境保护的角度来看，它能够解决社会发展中的环境问题，以利于人与环境的和谐共处。但是，经济人假设的渐入人心，我国非营利组织在发展的过程中也被假公益、假捐赠以及假非营利组织和非营利组织造假等不良行为蒙上阴影，这些假的非营利组织和假公益以及公益造假行为因税收法规的不完善和监管存在漏洞而享受相关的税收优惠政策；另一方面是一些真正从事公益的非营利组织因为税法规定的缺失而不能公平地享受相应的优惠政策，根据全国税务局公开发布的免税资格非营利组织和享受公益捐赠扣除资格的非营利组织数据统计，全国60万家非营利组织享有税收优惠政策的仅占30%，享受税前扣除的不到1%。同时，针对我国非营利组织所制定的法律法规之间规定的交叉和混乱，如在税法和其他的法律法规中对非营利组织的称谓就有非营利组织、慈善组织、公益组织、民办非企业单位、基金会、社会团体等多种，造成非营利组织的税法主体地位尚未统一确认，致使税收法规中有关非营利组织的税法未能形成有效的合力从而对非营利组织进行有效的规制。本书正是基于我国非营利组织所面临的种种问题和困境，以税收政策为问题分析的视角，力图完善我国非营利组织税收政策体系，为我国非营利组织的健康发展和和谐社会的构建作出微末的贡献。

作为单个个体的人对问题的认识总是有限的，追求真相的路却是无限的。正如牛顿所说“我是站在巨人的肩膀上”一样，本书的研究就是站在前辈的基础上发表个人的一孔之见，因个人的水平和见识有限，存在谬误和不足之处在所难免，请各位学界和实务界的专家批评指正！

李向辉

2017年11月

内容摘要

非营利组织相较于政府，在提供公共物品多样性和差异性方面，更能满足人们的需求，有效增进社会和谐。我国现阶段条件下，虽然政府提供公共物品满足人们普遍需求有巨大提高，但在差异性和多样性方面仍显不足，需要大力发展非营利组织。税收政策对非营利组织的支持，无疑对其发展和壮大起着关键性作用。但是，我国现行非营利组织税收法律制度存在的缺陷，在一定程度上束缚着非营利组织健康发展，亟待完善。

我国现行有关非营利组织的税收政策主要存在以下问题。其一，非营利组织享受税收免征和捐赠扣除以取得民法地位为前提，“双重登记制度”① 限定了大量无法找到主管部门的非营利组织取得法人地位，无法公平地享受税收政策。其二，非营利组织界定不清和分类的混乱，一定程度上增加了税收执法成本和滥用风险。其三，内部控制制度、会计制度等与非营利组织税收政

---

① 2016年5月民政部开始就《民办非企业单位登记管理暂行条例》《社会团体登记管理条例》以及《基金会管理条例》等法规进行修订，从修订草案征求意见稿上看，部分解决了无法找到业务主管部门非营利组织的登记问题。另外，从2014年6月4日国务院《关于促进市场公平竞争维护市场正常秩序的若干意见》（国发〔2014〕20号文）开始，国务院就简化手续，从鼓励探索实行工商营业执照、组织机构代码证和税务登记证“三证统发”到“三证合一”，再到“五证合一”，在政府审批的环节确实提高了行政效率，但对于某些类型的非营利组织，依然没能摆脱“双重登记”制度所带来的难题和税法上的不公平待遇。有鉴于此，因而仍然延续“双重登记制度”这一说法。

策协调性不够，未能形成相对完整的政策合力以形成有效税收监管。其四，非营利组织获得相应的税收政策后缺乏后续的监管和处罚，为税收优惠政策被滥用留下空间。其五，税收政策原则性规定较多，有违课税要素明确性原则。可见，从总体上看我国非营利组织税收政策存在的问题有违法定主义原则和公平原则，既增加了非营利组织运行成本，又使非营利组织的公信力受到质疑。

为此，本书以非营利组织界定为切入点，在比较英国、美国、日本等国分类基础上，将公益性作为非营利组织的分类基准，对我国非营利组织进行分类，进而展开对非营利组织税收政策论述。本书运用政治学和法理学分析表明，赋予非营利组织及相关方特别税收政策的原因在于公益契约的履行，非营利组织及相关方不履行公益契约而从事商业活动就要依法纳税。据此提出公益性为非营利组织税法立法标准。本书以经济人假设为前提，运用委托代理理论论述了非营利组织各相关方在缺乏监管的情况下，有滥用税收优惠政策和违背公益契约的可能和冲动。通过博弈模型的分析，提出要加强对非营利组织及相关方监管以防止滥用。在此基础上，对我国非营利组织现行税收政策进行了全面剖析。我国现行非营利组织税收政策未能充分考虑公益性，行政机关立法比重较大，税务机关自由裁量权过多，监管制度缺乏。依据理论分析并针对我国非营利组织现行税法所存在的问题，本书认为，我国非营利组织税收政策的构建，既要考虑税收法定原则和公平原则，又要考虑非营利组织税收政策整体性和差别性原则。据此，提出完善我国非营利组织税收体制法和税收实体法的建议，更要有针对性地完善和建立有别于营利组织的税务登记制度、纳税申报制度、税款征收制度以及税收处罚制度等征纳法律制度，以公益契约的履行与否作为非营利组织税收政策选择的依据。对于滥用公益资源和税收优惠政策行为，提出了处罚措施，弥补了我国非营利组织税收处罚制度的缺陷。本书在比较英美税法后认为，征管的有效还在于非营利组织信息的公开透明。税收征管有效和公开披露信息的真实准确，少不了其他制度健全和完善，因而提出了完善我国非营利组织会计制度、内部控制制度、法人登记制度以及税务司法制度的建议，以全面完善和构建我国非营利组织税收政策体系。

本书共六章，主要研究内容如下所述。

第1章　导论。这一部分研究了非营利组织税收政策的背景、目的、意义、研究方法等，对前人研究成果进行综合评述，为后续的研究奠定基础。

第2章　非营利组织界定。这一章在探讨学界、民法和税法对非营利组织的界定基础上，给出了我国非营利组织在税法中应有的界定。探讨了非营利组织的特性，从实践中得出将公益性作为分类基准更有利于税务管理，以公益性为基准将我国税法中现行的非营利组织进行了分类。我国非营利组织的明确界定和分类，理顺了我国非营利组织界定不清和分类混乱，为税收政策制定提供明确的范畴。

第3章　非营利组织税收政策选择的理论与实践。本章对非营利组织的税收政策选择进行理论分析。法理学认为，主体的收益性是成为课税对象的核心要求，非营利组织和捐赠人投入资源的非营利性和产生的收益完全用于公益致使所投入资源无法产生收益，不能成为课税对象，非营利组织因而享有有别于营利组织的税收优惠政策。政治学理论表明，非营利组织建立在各个参与方达成的公益契约基础之上，公益性特征决定它的行为是国家和社会所期许的行为，因而公益性成为非营利组织及其相关方免税与否的分界。法理学和政治学的理论解释了各国税法为什么对捐赠人的公益性捐赠免税，以及公益性组织和非营利组织从事了与其组织公益目标相关的活动收入免税，而对于非营利组织或捐赠人从事与公益无关的营利行为采取征税的政策的原因。因而英美税法通过非营利组织资质申请、管理人员审查、年度信息披露、捐赠人捐赠免税区分商业活动收入是否继续用于公益等制度的建立，从组织成立到运营的全过程判断非营利组织的资源是否最终用于公益，来保证赋予非营利组织的税收政策合理。

第 4 章　非营利组织税收政策滥用的成因与规制。这一章对非营利组织税收政策被滥用的原因进行了分析，并阐述了税收监管的基本思路。委托代理理论和博弈模型的分析表明，非营利组织的管理层、税务机关、捐赠人之间存在着多层委托代理关系并相互博弈。在缺乏监督的情况下，追求利益最大化的委托人和代理人容易发生道德风险和逆向选择，通过合谋或俘获实现自身利益最大化，滥用税收优惠政策或非营利组织的资源。为了防止公益目标的偏离，税收政策被滥用，就要凭借法的强制力予以约束。除了按照税收法定主义原则的要求，明确界定非营利组织、公共利益等课税要素以外，较为有效的手段是要求非营利组织将其运行情况的信息公开披露。如实践中英美税法要求非营利组织每年要填报信息申报表，对其财务信息、内部控制等信息公开披露。进而判断哪些资源被用于公益或与公益有关，哪些资源被用于与公益无关的营利活动，进而判断对非营利组织和捐赠人的税收政策合理与否，并对滥用税收政策的行为予以惩罚。

第 5 章　我国非营利组织现行税收政策分析。本章以税收体系为分析框架，运用税收法定主义原则和公平原则，在比较英美税法实践和理论分析的基础上，逐一分析我国非营利组织现行税收政策所存在的问题。总体来说，我国现行税法关于非营利组织界定不清，分类陈旧，并以行政主管部门的审批为分类标准和获取税收优惠政策的前提。税务登记以纳税义务发生为前提，税务管理制度和税款征收制度多采用营利性组织的税收政策，重税款征收而缺乏对非营利组织享受税收优惠政策和实现公益情况的监管。税收立法层级较低赋予了行政机构广泛的权力，为寻租提供了便利和可能。税收征管法中缺乏对非营利组织未能公开披露信息、发生关联交易、管理人员滥用税收政策等方面的规定，为滥用非营利组织税收政策留下空间。可见，我国现行非营利组织税收政策存在的问题有违法定主义原则和公平原则。

第 6 章　我国非营利组织税收政策体系构建。本书认为，我国非营利组织的税收政策体系合理构建，除了要坚持税法最基本的法定主义原则、公平原则外，因非营利组织所具备的有别于营利组织的特性，在构建税法体系中还要注重完整性、差别性、透明性以及可稽核性原则。为了防止税收政策被滥用，就要建立完善的税收监管制度，惩罚滥用公益和税收优惠政策的人员或组织。税收法定主义原则要求制定税法的主体不能交给政府，非营利组织的税法立法就不能由政府所主导，立法权应交由最高权力机关。非营利组织税收政策体系的构建，同时离不开法人登记制度、会计制度、司法制度、内部控制制度的完善，以实现非营利组织税收政策和其他制度整体协调，形成内外相互配合的制度体系，使得非营利组织的资源能够高效、合理用于公益。

总之，本书对非营利组织税收政策进行研究，创新性地界定我国非营利组织公益分类基准和以公益作为非营利组织税收立法基础，对非营利组织税收监管提出了相应的建议，丰富了非营利组织税收政策研究的内涵，更加深化了对非营利组织本质的认识。本书围绕公益为构建非营利组织税收政策的基础，致力于公益资源运用的高效和公平，为和谐社会构建提供税收政策的支持。

目 录

第1章
导　　论

1.1　背景及意义

1.1.1　背景

非营利组织最早出现在19世纪70—80年代，最初主要是以募捐济贫为目的的慈善组织。非营利组织在全球的兴起有深刻的经济背景。20世纪30年代的经济危机使得凯恩斯主义大行其道，主要是通过政府提供福利以消除市场失灵。日益庞大的福利开支对市场经济产生了“挤出效应”，政府的官僚化和权力凌驾于经济之上支配经济，这正是政府干预失效的根本原因[①]。20世纪90年代以来，随着市场失灵和政府失灵问题的出现，福利国家出现了危机和经济不景气，西方国家开始寻找解决市场经济发展的方法和手段。其结果之一就是人们对于“帮助人们自助（assisted self - reliance）”和参与式发展的关注[②]，这种关注引发了非营利组织的蓬勃发展。它在保护环境，消除贫困，发展教育文化，满足社会多元化需求和提供公共服务等方面发挥了巨大的作用，因为非营利组织具有以志愿公益为宗旨，以受益者的需求为导向，能够实现公益资源的有效配置，弥补了政府和市场资源配置的不足[③]，并能促进社会的公平因而得以迅猛的发展。据美国约翰·霍普金斯公民社会研究中心调查22个国家非营利组织的研究资料，非营利组织已经成为一支重要的经济力量，是一个1.1万亿美元的产业，相当于世界第八经济大国[④]。

彼特拉克在《论统治者应该如何统治其国家》一文中指出，把解决民生问题放在首位，视其为政府行政的最重要职责[⑤]。近年来关于何为民生问题，学界进行了比较充分地分析和论证。有学者认为民生问题主要包括就业、社保、医疗、食品安全、教育、安全生产、分配、住房以及环境治理[⑥]。另有学者认为民生问题是人民群众的的生活问题，包括生存和生活两个方面，主要

① 陈共：《财政学》（第四版），中国人民大学出版社2004年版，第17页。

② 王名等：《中国社团改革——从政府选择到社会选择》，社会科学文献出版社2001年版，第3页。

③ 王名：《非营利组织管理概论》，中国人民大学出版社2002年版，第12页。

④ 莱斯特·M. 萨拉蒙（Lester M. Salamon）等：《全民公民社会非营利部门视界》，贾西津、魏玉等/译，社会科学文献出版社2007年版，第8－9页。

⑤ 刘明翰：《欧洲文艺复兴史》（政治卷），人民出版社2006年版，第38页。

⑥ 蒋锦洪：《经济发展中的人本诉求研究》，上海辞书出版社2007年版，第167－170页。

包括的领域为教育、医疗、就业、养老和社保，以及民主和社会和谐问题。如果一个社会的经济发展成果不能真正分流到大众手中，那么它在道义上是不得人心的[①]。因为“对穷人、弱势群体，特别是失业者来说，虽然市场经济的交易过程是公平合理的，但是市场经济却不能为他们提供必要的生存保障，因此无论市场机制如何完善都不可能解决这个弱势群体的生存保障问题”[②]。社会公正的底线边界就是要维护人的尊严[③]。民生问题的解决办法在于社会政策[④]，在于非营利组织和政府之间的有效结合。非营利组织参与民生工程的理论依据于公共产品供给理论和公民社会理论[⑤]。那么，我国政府在民生的供给情况如何呢？近年来我国各级政府虽然投放在医疗、教育、社会保障、就业、环保等项目上的资金大幅度地增长，扩大资金用于民生方面的投入，但民生问题没能得到根本性的解决，相当一部分人因病致贫、上不起学、养不起老的现象依然存在。城镇居民家庭、农村居民家庭平均每人生活消费支出构成见表1－1、1－2。

① 亚当·斯密：《道德情操论》，谢宗林译，中央编译出版社2008年版，首页。

② 宋丙涛：“公共财政、民主财政与经济危机——一个公共经济学视角的分析”，《财政与税务》，2012年7月。

③ 丛晓峰等：《社会公正与社会进步若干问题研究》，山东人民出版社2005年版，第197页。

④ 李永新：《申论2008年最新版》，人民日报出版社2007年版，第85页。

⑤ 宋蓓：“民生工程视角下的非营利组织”，《学术界》，2011年第11期。

表 1－1　　1990－2015 年期间城镇居民家庭平均每人生活消费支出构成

单位：%

项目	1990 年	1995 年	2000 年	2008 年	2009 年	2011 年	2012 年	2013 年	2014 年	2015 年
生活消费总支出	100.00	100.00	100.00	100.00	100.00	100.00	100.00	100.00	100.00	100.00
居　住	6.98	8.02	11.31	10.19	10.02	9.27	8.9	9.7	9.74	9.51
医疗保健	2.01	3.11	6.36	6.99	6.98	6.39	6.4	6.2	6.22	6.45
教育文化娱乐服务	11.12	9.36	13.40	12.08	12.01	12.21	12.2	12.7	12.83	13.31
三项所占消费性支出总比	20.11	20.49	31.07	29.26	29.01	27.87	27.5	28.6	28.79	29.27

资料来源：2014 年和 2016 年国家统计局统计年鉴计算[①]。

① 2016 年国家统计局的统计年鉴对 2013 年—2015 年的生活消费支出的指标进行了调整，未使用消费占比的形式表述，该表中 2014 年和 2015 年的消费占比数按照绝对值的方式计算得出。

表 1-2　　1990-2013 年期间农村居民家庭平均每人生活消费支出构成

单位：%

指　　标	1990 年	1995 年	2000 年	2005 年	2008 年	2009 年	2011 年	2012 年	2013 年	2014 年	2015 年
生活消费总支出	100.00	100.00	100.00	100.00	100.00	100.00	100.00	100.00	100.00	100.00	100.00
居住	17.34	13.91	15.47	14.49	18.54	20.16	18.4	18.4	18.6	21.03	20.89
文教娱乐用品及服务	5.37	7.81	11.18	11.56	8.59	8.53	7.6	7.5	7.3	10.25	10.51
医疗保健	3.25	3.24	5.24	6.58	6.72	7.20	8.4	8.7	9.3	8.99	9.17
生活消费现金支出	100.00	100.00	100.00	100.00	100.00	100.00	100.00	100.00	100.00	100.00	100.00
居住	21.66	17.20	17.98	16.04	20.33	22.04	19.70	19.5	19.1	11.29	10.54
文教娱乐用品及服务	8.36	11.91	14.53	13.84	9.96	9.72	8.40	8.2	7.9	12.79	13.11
医疗保健	5.06	4.94	6.82	7.87	7.79	8.20	9.20	9.5	10.0	9.15	9.22
三项所占消费性支出的总比	35.08	34.05	39.33	37.75	38.08	39.96	37.3	37.2	37.0	33.23	32.87

资料来源：2014 年和 2016 年国家统计局统计年鉴计算。

表1-1和表1-2的数据表明，我国农村居民在生活消费支出中居住、文教以及医保方面的支出高于城镇居民，2009年农村居民三项消费支出占生活消费支出的比重甚至接近40%，而城市居民也近30%。据统计，2012年我国医院门诊人均每次医药费用为192.5元，住院人均医药费用6980.4元①。2012年政府和社会卫生支出费用的人均支出为2056.6元，其中政府和社会卫生费用城市居民人均支出为2969.0元，政府和社会在农村的卫生费用支出为1055.9元。2012年城镇人口可支配收入为24564元，农村人均可支配收入为7916元②。如果将政府和社会所支付的卫生费用完全用于支付城镇居民和农村居民的住院费用（其实政府和社会所支付的费用不完全是用于个人，而是主要用于医院设施、建设等方面），那么一次住院费用也接近城镇居民年人均收入的1/6，几乎相当于农民一年人均纯收入的3/4。数据同时表明，城乡低收入人群的医疗卫生服务得不到保障，甚至出现了“因病致穷、返贫”现象③。2010年、2011年“全国两会民生系列调查”显示：京沪穗三市居民连续两年认为“看病贵”是当前就医存在的最大问题④。孩子的教育费用按照直接经济成本核算，0—16岁孩子的总成本将达25万元左右（即0—16岁子女2003年的人均支出相加之和）。如估算到子女上高等院校，家庭支出则高达48万元，子女教育的经济成本增长速度惊

① 数据来源：2013年《中国卫生统计年鉴》。

② 数据来源：2013年《中国统计年鉴》。

③ 数据来源：2015年《中国卫生统计年鉴》。

④ 人民网——人民日报，2012年7月11日，“多管齐下促‘减负’——看病费用如何降低”，http：//www.npopss-cn.gov.cn/n/2012/0711/c219468-18491010.html。

人[①]。据学者对河南大学农村大学生直接付出的成本，即学生的家庭为教育而直接付出的成本的调查发现，农村大学生子女在校教育花费约占其家庭收入的60%。教育成本过大，超出了部分农村家庭的支付能力，已成为一个社会问题[②]。自2011年我国贫困标准由2010年年收入的1274元/人调高到2300元/人（即国际标准每天1美元的生活费用）之后，我国贫困人口由2010年的2685万元扩大到1.28亿人[③]。我国居民收入差距不断加大，自2000年以来，我国的基尼系数已经超过0.4的警戒线，具体情况见表1-3。

表1-3　　2003-2012年我国基尼系数情况表

年度	2003年	2004年	2005年	2006年	2007年	2008年
基尼系数	0.479	0.473	0.485	0.487	0.484	0.491
年度	2009年	2010年	2011年	2012年	2013年	2014年
基尼系数	0.490	0.481	0.477	0.474	0.473	0.469

虽然从2008年的最高点开始逐步回落，但仍然高于警戒线。我国收入最高的10%家庭与收入最低的10%家庭的人均收入相差65倍[④]。北京大学中国社会调查中心完成的《中国民生发展报告2014》指出，我国家庭财产不平等程度在迅速提高，顶端1%的家庭占有全国三成以上的财产，底端25%的家庭仅拥有全

① 徐安琪：“孩子的经济成本：转型期的结构变化和优化”，《青年研究》，2004年第12期。

② 王明兴、李利朋：“河南大学生教育成本状况研究——以河南省各在校大学生为案例”，《企业导报》，2015年第22期。

③ 人民日报：“看病难看病贵仍突出，国家多管齐下减负”，2012年版。

④ 中国新闻网：“中国官方首次公布2003至2012年基尼系数”。http：//news.163.com/13/0118/11/8LGH1BBF00014JB6.html。2013年及2014年的基尼系数来源于2014年国家统计局公报。

国一成的财产[①]。世界经验验证，人均 GDP 达到 1000 美元时，往往是各种矛盾紧张和激化时期[②]。收入分配领域的不公，公共需求提供不足，加大了弱势群体的生存压力，容易激化社会矛盾。因为“公益服务是民生的基本内容，公益事业发展滞后，必然会积累民生方面的矛盾，影响社会和谐稳定”[③]。从当前的社会现实情况来看，我国正处于“中等收入陷阱”这一发展阶段，发展面临国内外诸多矛盾叠加、风险隐患交汇的严峻挑战，经济社会发展中还存在不少困难和问题。在住房、教育、医疗、养老、食品药品安全、收入分配等方面，人民群众还有不少不满意的地方。贫困地区和贫困人口是全面建成小康社会最大的短板[④]。大力发展非营利组织对于构建社会主义和谐社会，增加公共需求供给尤其是对弱势群体的支持力度，为非营利组织的发展提供了广阔的空间。

环境问题依然严峻，特别是一些地区严重雾霾频发。20 世纪 90 年代以来，尽管国际组织和各国政府展开了广泛的合作但除了二氧化硫呈下降趋势，绝大多数空气污染物（如氨气、有机碳、炭黑等）均有增加。2015 年，全国 338 个地级以上城市中，265 个城市环境空气质量超标，占 78.4%。对 480 个城市（区、县）开展了降水监测，酸雨城市比例为 22.5%；生物多样性也面临严重威胁，已有 10%—30% 的哺乳动物、鸟类和两栖动物存在灭绝风险。森林覆盖率逐渐减少，净覆盖率在 1990 - 2000

① 中国网—中国视窗：“北大调查机构发布《中国民生发展报告 2014》”。http://zgsc.china.com.cn/sn/zsmq/2014 - 07 - 26/181113.htm。

② 杨龙：《中国政府近期主要问题的政治分析》，天津教育出版社 2007 年版，第 171 页。

③ 马凯：“积极稳妥地推进事业单位分类改革”，《国家行政学院学报》2012 年第 2 期。

④ 2017 年《政府工作报告》。

年间减少了8.3%。在2000—2010年间减少了5.2%，对大气、降水、土壤、生物多样性等多种环境要素造成了恶劣的连锁影响①。在水资源安全问题上，目前全球80%人口被评估为高风险人群。根据世界经济合作发展组织预测，到2050年，全球将有40亿人口居住在严重缺水地区。全国967个地表水国控断面（点位）开展了水质监测，较差级的监测点比例为42.5%，极差级的监测点比例为18.8%。中国管辖海域海水中无机氮、活性磷酸盐、石油类和化学需氧量等指标的监测结果显示，近岸局部海域海水环境污染依然严重。第五次全国荒漠化和沙化监测结果显示，截至2014年，全国荒漠化土地面积261.16万平方千米，沙化土地面积172.12万平方千米。自2004年以来，全国荒漠化和沙化状况连续三个监测期“双缩减”，呈现整体遏制、持续缩减、功能增强、效果明显的良好态势，但防治形势依然严峻。第一次全国水利普查水土保持情况普查成果显示，中国现有土壤侵蚀总面积294.9万平方千米，占普查范围总面积的31.1%②。环境问题既是社会和民生问题，也是公共问题，在环境保护和生态治理的实践中，既是政府的责任也是全体公民的责任，因而在充分发挥政府的主导作用之外，要充分调动由公民自发组成的非营利组织的积极作用，一些全球性的、全国性的以及区域性的非营利组织在环境保护方面弥补了政府的不足，逐步形成了政府、企业、民间组织等多主体携手治理生态环境问题的新格局。

① 王琰：“环境问题驱动下的环境关心：基于WVS2010的跨国多层分析”，《南京工业大学学报（社会科学版）》，2016年12月第4期。

② 中华人民共和国环境保护部《2015中国环境状况公报》。

1.1.2 现实意义

党和政府历来重视非营利组织的发展。十六届六中全会以完善社会捐赠税收制度的减免为着力点，增强社会的慈善意识来发展慈善事业。“十二五”规划中从加强社会管理的法律、体制能力建设的角度来支持和发展社会事业，实现政府行政管理与基层群众自治有效衔接和良性互动。十八大报告指出要加强社会管理法律、体制机制、能力、人才队伍和信息化建设以提高社会管理科学化，从而引导社会组织健康有序发展，充分发挥群众参与社会管理的基础作用。十八届三中全会从创新有效预防和化解社会矛盾体制改进社会治理方式方面，激发社会组织活力。“十三五”规划强调要广泛动员社会力量开展社会救济、社会互助、支援服务活动，支持慈善事业发展，要对回馈社会、扶贫济困方面的税收政策予以完善。2016 年政府工作报告从加强和创新社会治理的角度出发，规范发展社会组织，支持专业社会工作、志愿服务和慈善事业发展。2017 年政府工作报告指出改革完善社会组织管理制度依法推进公益和慈善事业健康发展，促进专业社会工作、志愿服务发展。从上述的文告中可以看出，党和政府从完善税收制度、加强法律体制能力建设、人才队伍和信息化建设，再到创新社会治理的角度，全方位对非营利组织的发展提出法律、制度乃至社会治理完善等方面的期许。一方面说明非营利组织确实在满足差异化公共需求和缓解社会矛盾中起着良好的作用，另一方面也说明了我国非营利组织在税收法规、制度建设等方面存在着各种问题，有待于进一步完善。

近年来，我国也制定了一系列税收政策，促进非营利组织发展。但是，我国现行税收政策体系已经不能适应非营利组织发展的需要，所存在的主要问题是税收立法层级低、税收征管方面的法规欠缺、获得免税资格和捐赠扣除组织资格“门槛”高。税收立法权过度下放中央政府，有违税法的立法保留原则。税收征管法规严重欠缺，组织一旦取得免税资格后，税法中尤其缺乏对非营利组织资金使用的最终情况监管的法规，致使监管乏力。免税资格认定不是以公益为标准，更多的是以官方“身份”为标准，享受税收优惠政策的非营利组织具有垄断性，使得我国非营利组织税法的公正性受到质疑。非营利组织相关信息公开不足，缺乏透明性，大多数捐赠人质疑捐赠资金的使用方向。上述问题的存在，导致我国非营利组织税法的遵从度降低，税务机关对非营利组织监管乏力，人们进而对税法整体公平提出质疑。

我国非营利组织税收政策所存在的问题，使公众对我国非营利组织税收政策的合理性产生了质疑，进而对非营利组织从事活动的公益性产生了质疑，一定程度上影响着公众捐赠的意愿。当然人们从事公益并不是以获得税收上的优惠为前提，人们以及企业从来都不缺乏对公益事业的热情和爱心。从2003年“非典”肆虐，到2008年年初的冰雪灾害以及“5·12”大地震，尤其是“5·12”大地震发生后，捐赠出现爆发式增长。据统计，2008年中国内地人均捐款34.66元，比2007年的人均2.7元上涨了近13倍[①]。但是，自“郭美美”事件爆发以来，人们就没有停止过对我国非营利组织尤其是官方成立的非营利组织（慈善组织）的质疑。民间成立非营利组织制度的匮乏和税收制度的缺失，也羁绊着公益事业的发展。如陈发树成立新华都慈善基金会，将市值83亿股票捐赠给新华都慈善基金会，2009年被质疑逃税[②]。

① 刘京：《2008年中国慈善捐赠发展蓝皮书》，中国社会出版社2009年版，第58页。

② 崔雪松：《新华都教父陈发树》，华中科技大学出版社2010年版，第209页。

2010年福耀玻璃董事长曹德旺担心其捐赠的2亿元善款被滥用，与中国扶贫基金会签订发放善款差错率低于1%、管理费低于善款3%的条款，并成立专门的监督委员会等监督方式监督善款的发放。曹德旺以捐赠股票所成立的河仁慈善基金，历经近3年的审批才获得批准①。当下，我国公益事业比以前虽有进步，但相关的法律法规仍有待于进一步完善。因为对于捐赠尤其是公益慈善的捐赠行为鼓励和支持，其所产生的示范作用能够弘扬和培育社会道德，促进社会的和谐和进步。尤其是公平合理的税收制度规范了非营利组织的行为，弥补公共需求不足和满足社会成员多元化需求，它的规范发展有利于促进互助精神，提高对弱势群体的认同感，有助于社会各阶层团结和相互理解，也在一定程度上昭示政府和社会对公平分配的追求。为此，各国在税法实践中都规定对非营利组织从事公益慈善事业给予税收上的优惠政策，支持公众向公益慈善组织的捐赠额予以所得税税前不同程度的扣除，且对非营利组织的资金使用予以全流程的监督管理，惩治滥用非营利组织税收政策和公益资金的行为，以实现公益目的的资金、捐赠以及组织所获得的税收优惠真正用于公益和从事公益。这一目标的实现，在于法规的合理，在于法规的公平公正。据此，本书力图以对非营利组织税收政策合理性研究为出发点，构建和完善非营利组织税收政策，以促进非营利组织的发展。

1.1.3 理论意义

政府给予非营利组织的支持和保障，有着深刻的理论依据。它实质上是国家和公民社会关系的问题，也是人类社会不断探索

① 杨团：《中国慈善发展报告2011》，社会科学文献出版社2011年版，第45-46页。

的关系问题。黑格尔的国家和市民社会关系理论认为，绝对权力的国家在每个公民的面前，可以吞噬结社。但现代宪政学理论认为，政治国家运用公权力来谋求公共利益，公民结社的目的是为了弥补国家公权力所分配的公共利益的不足。两者不是相互吞并，而是相互制约和制衡的关系[①]。公权力介入到社会领域的主要理由是实现“社会正义”目标[②]。康德曾经指出，国家的基础在于公正，只有维护公民的各项权利，才能保证公民的自由共存[③]。正义是社会制度的首要价值[④]，它是衡量一个国家或者社会是否和谐的准则。有学者认为正义是人民正义的诉求，它包括普遍正义和普通正义，它是指社会各阶层普遍认可和更倾向于维护社会底层民众权益的正义[⑤]，正义在一定意义上是以人性或人的需求为基础[⑥]。国家在促进正义的形成过程中，就要调整不同领域的社会关系，使得各种社会关系相互协调和配合，实现全社会每个人的需求得以满足，尤其是社会底层民众的需求能否实现。社会关系的概念以及类型是无法穷尽的，但是，分配关系、交换关系以及竞争关系是社会关系最为基本的关系[⑦]。国家实现

① 杨盛达：“个人、社会与国家：补充原则及其变通”，中国宪法学研究会2012年年会。

② 钱俊文：《国家征税权的合宪性控制》，法律出版社2007年版，第136页。

③ 【意】萨尔沃·巴斯泰罗内：《欧洲政治思想史——从十五世纪到二十世纪》，黄华光译，社会文献出版社1992年版，第264页。

④ 【美】约翰·罗尔斯：《正义论》，何怀红等译，中国社会科学出版社1988年版，第1页。

⑤ 高兆明：“人民正义：正义理论的中国问题意识”，《南京师大学报》（社会科学版），2012年第2期。

⑥ 宋衍涛：“政治正义性与正义的统治—构建正义国家的价值前提”，《北京师范大学学报》（社会科学版），2010年第3期。

⑦ 张康之，张乾友：“政治哲学视野中的正义”，《浙江社会科学》，2012年第12期。

正义就要实现分配、交换以及竞争关系的正义。从国家的分配关系正义实现上来看，所使用的手段是通过税收收入和税收支出得以实现。税收手段在不同程度上引导交换关系和竞争关系，税收既通过税收支出（财政补贴）实现分配的正义，又通过税收的课征与免征等手段积极地干预市场的行为以形成正义。

可见，国家介入到非营利组织的目的是正义目标的实现，因为非营利组织的行为在一定程度满足了社会底层民众的需求，对非营利组织的良好治理能够有助于国家目标的实现。我国是人民当家作主的国家，人民当家作主必然以实现全体人民的利益最大为出发点。我国也提出构建和谐社会，实现中国梦，解决民生问题，就是要实现社会公平，让每个人都有尊严的生活，因此，在对非营利组织的政策上就需要政府建立一种机制，这种机制使那些符合社会需要的社团能够得到足够的政策支持①。

本书将基于税收法定主义原则和公平原则，从解决非营利组织税收立法权入手，以公平和正义原则来分析非营利组织的课税对象和免征对象，从法理的角度来分析如何构建非营利组织税法体系。

按照课税要素理论，税的征纳与否完全取决于课税要素的确定，如果相关主体的行为或事实符合税法规定的课税要素，则该主体就应负有税法上的纳税义务，成为纳税人②。课税要素也就成为税收立法核心内容、税收执法的依据和税收司法的准绳。课税要素较为核心的是实体法要素和程序法要素。实体法要素中纳税主体、征税客体以及税率和计税依据最为重要。程序法要素中

① 王名、刘国翰、何建宇：《中国社团改革——从政府选择到社会选择》，社会文献出版社 2001 年版，第 5 页。

② 张守文：《财税法学》（第三版），中国人民大学出版社 2011 年版，第 153 页。

较为公认的要素为纳税时间和地点[1]。按照课税要素理论，非营利组织税收政策研究的核心在于要确定纳税主体、征税客体、税率和计税依据。非营利组织作为纳税主体就要在税法中有一个明确的概念和范畴。纳税主体与客体结合，才能使纳税义务得以成立，也符合税收法定主义原则。正是非营利组织的非营利性特征使其有别于营利性组织，而非政府性使其有别于政府，因而税法赋予非营利组织的所得税、商品税和财产税政策要有别于营利组织，那么这种有别于营利组织的税收特别措施[2]（或税收优惠）其根本原因源于何处？也只有明确获得税收特别措施的原因，才能解决税法在什么情况下应赋予非营利组织及其相关人以税收优惠政策，什么情况下应予以课税。

非营利组织享受税收优惠的原因一直为理论界所关注，由此也相继产生辅助理论、资本结构理论、利他主义理论、税基定义理论以及捐赠理论等诸多理论，这些理论从不同的角度来论述世界各国赋予非营利组织税收优惠政策的原因。但这些理论没有从国家以及税权的本源进行论证税收优惠的根源，本书将从国家税权的本源出发，以契约论、社会国家理论来寻求对非营利组织税收优惠的原因。

按照契约论观点，税收是国家与人民在自由平等基础上形成的契约关系，即人民之所以纳税，是为了自己的权利和利益得到更加切实和有效的保障；国家之所以征税，是为了具备向人民提供公共物品或公共服务的能力。税收课征需经人民同意，乃是税

---

① 张守文：《财税法学》（第三版），中国人民大学出版社2011年版，第153－157页。

② 税收特别措施包括税收优惠措施和税收重课措施，按照税法实践，各国对非营利组织所采取的以税收优惠措施为主，所以这里所提到的税收特别措施主要是指税收优惠措施。

收合法性效力源泉[1]。毫无疑问，非营利组织获得税收优惠或免除也必将经过人民同意，人民同意的前提是其能够提供公共物品或公共服务。具有公益性的非营利组织一方面要与国家订立契约提供公共物品或从事公益活动，以获得税收优惠；另一方面，非营利组织要与人民签订契约，接收人民的监督，并保证供给公益以履行约定。

非营利组织享有的税收优惠政策诱使非营利组织的参与方滥用税收优惠政策，容易诱发“寻租”，刺激了避税行为，也强化了纳税筹划动机[2]。按照委托代理理论，在国家税权的问题上，存在着多层次的委托代理关系。这种委托代理关系表现为，人民为了公共物品将税权赋予国家，国家将税权委托给政府，政府将税权委托给税务部门。非营利组织作为代理人接受捐赠人委托，其前提是承诺按照捐赠人的意图从事具有公益性的活动，也正是其公益性人民才同意国家在税权的问题上采取优惠的税收政策，并委托税务机构执行。多层委托代理关系无法避免非营利组织各个相关利益人之间委托代理问题发生，滥用税收优惠政策，伤害税收公平。运用委托代理理论和博弈论有关理论并构建模型来分析非营利组织税收政策被滥用的原因，为制定非营利组织的税收征管政策提供理论上的指导。

为了保证契约双方履约并避免委托代理问题，就要求有法制的强制力量予以约束。法制的约束力量来源于正义，从税收产生之日起，人们就在探索建立合理的或者是公平的税收制度。税收政策的正义在于政策制定和执行能否坚持税收法定主义原则和公平原则。税收法定主义原则控制了政府的恣意课税，税收的公平

① 钱俊文：《国家征税权的合宪性控制》，法律出版社 2007 年版，封底页。
② 钱俊文：《国家征税权的合宪性控制》，法律出版社 2007 年版，第 62 页。

原则中的量能课税原则以纳税人的实际负担为课税客体，不伤及税收的本源及对弱势群体的关注，能够实现税收制度的正义，按这些原则的要求付诸非营利组织税收政策制定的实践，能够制定出适合非营利组织的比较完善的税收政策框架。

“经济理论研究是学术层面的事，不会一言兴邦或一言丧邦，说什么都无所谓。但制定经济政策绝非儿戏，一项政策的失败也许会给经济带来灾难性影响”①。为此，在进行非营利组织税收政策问题的探讨上，应在理论研究的基础上，在广泛借鉴国外先进经验的同时，结合中国非营利组织和税收政策实际情况，以经济理论和法学理论相结合的方法来探讨有关我国非营利组织的税收政策问题。

1.2 国内外研究成果及研究方法

1.2.1 国外相关研究成果综述

一般认为，国外研究非营利组织相关问题产生的社会经济背景是福利国家问题的出现，非营利组织被认为是政府和市场失灵的有益补充，因而在这一时期以及以后的时期内，从经济学、管理学、社会学的角度对非营利组织的相关问题进行了大量研究和探索。其中，由于税收政策对非营利组织有较大的影响，这一问题也被政府、社会、学者以及非营利组织所重视。

1. 对非营利组织免税原因的论述

从国外文献看，国外对非营利组织的研究成果较多，重点是

① 梁小民：“经济学家不能治国”，《读书》，2003年第11期。

从非营利组织的性质和目的出发来研究税收政策。很多学者（如 Hansmann，1980）主张国家应当运用免税优惠，鼓励非营利组织提供各类社会服务，补充政府及市场功能的不足。对于免税的原因，认为政府往往无法提供全方位的服务及财货，需要非营利组织进行补充（Simon，1987）；非营利组织仅属于政府和公众间的导体，而非实际的个体（Bittker and Rahder，1976），免税可以避免非营利组织陷入向政府游说、争取经费的窘境（Brody，1998），政府就不应对非营利组织征所得税。

美国学者 Bittker and Rahder 认为，非营利组织的收入本身并非税基，会费和捐赠应当视为对非营利组织的赠与，从事的是非营利性活动，因此其支出也应当全部计为成本。霍斯曼（Hansman）教授提出来的资本结构理论（Capital Formation Theory），从非营利组织成员不得分配财产和盈利，弥补委托代理“合约失灵”的缺憾，对其税收优惠政策可以弥补资本增值和投资方面的严重不足，且非营利组织融资渠道受到限制，因此给予其税收优惠将在一定程度上补偿其在筹措资金方面的缺陷①。Rob Atkinson 的利他主义理论表明，非营利组织除了弥补政府失灵和市场失灵外，所创造的公共利益同政府相比，更促进了志愿精神和多元化，有利于促进思想创新和实践精神。这些原因都是非营利组织应享受税收优惠政策的理由②。利他主义理论和资本结构理论完全是建立在非营利组织的参与人都具有利他行为，否则这两个理论是站不住脚的。市场经济理论和实践表明，人性的贪婪和

① Atkinson，Rob，“Theories of the Federal Income Tax Exemption for Charities：Thesis，Antithesis，and Syntheses”；National Center on Philanthropy and the law（New York，New Yprk，OCT. 11，1991）.

② Rob Atkinson ，“Altruism in Nonprofit Organization”，Boston College Law Review，Volume 1，May 1990，Number 3.

自私自利是人的本性，因而利他主义理论和资本结构理论受到质疑。Mark A. Hall 和 John D. Colombo 的捐赠理论（Donation Theory）① 表明，捐赠人愿意提供资源给非营利组织，那么这些能获取捐赠的非营利组织，就应该享受税收优惠。

2. 对公共利益问题的讨论

当下，越来越多的学者认为非营利组织获得免税地位的前提是公益性而非非营利性，因而大量学者对何为公共利益、慈善、慈善目的进行了讨论。

David Moore、Katerina Hadzi - Miceva 和 Nilda Bullai (2008)② 详细地介绍了欧洲国家如何从法律的角度规范公益，以期推动公益活动并为税法赋予公益组织税收优惠提供合理的范围。由于乌克兰对公共利益没有从立法的角度上加以完善，造成某些公益和慈善活动被税务局怀疑为逃税，而公益的法律界定含混，令公众对公益组织产生冷漠和怀疑。民法和税法有两个关键测试标准，以判断是否为公益活动：即服务的目标和参与的各方。具体来说就是服务的目标为不特定人们，组织参与的各方也应为不特定人群（Alexander Vinnikov）③。Petr Pajas 认为如何区分非营利组织的公益性和互益性已经成为学界研讨社团问题的焦点。他总结了某些国家中什么被认为是公共利益，从公众的视角如何考虑全球、地区乃至国家公共利益所表现的内容、比较了一

① Mark A. Hall, John D. Colombo, "The Donative Theory of the Charitable Tax Exemption" Ohio State Law Journal 1379 (1991).

② David Moore , Katerina Hadzi - Miceva, and Nilda Bullain, "A Comparative Overview of Public Benefit Status in Europe", International journal of not - for - profit law, vol. 11, November 2008. 5.

③ Alexander Vinnikov, "Why Advance the Legislation on Public Benefit Activities in the Ukraine?" The International Journal of Not - for - Profit Law Volume 2, Issue 1, May 1999.

系列国家的公益活动，提出当前世界各地有关公共利益最为普遍的定义。Petr Paias 进一步介绍了格鲁吉亚的慈善活动和慈善组织法律草案，该法定义了慈善和公益活动，规定了政府如何监督非营利组织符合慈善与否的标准以及政府的责任，非营利获得财政和税收优惠政策的条件等①。Wino J. M. van Veen 在分析了荷兰的相关法律后认为，民法从传统上区分为公法和私法两个部分。就公益组织而言，属于私法领域所包含的范围为法律形式、法定资格、法人组织、管理权和代表权以及组织的负责人及其董事会；属于公法规范的问题为税法、注册以及国家监督等。在荷兰的法律体系中，公益地位问题属于公法而非私法，申请公益地位的标准应在财税立法中得以推动和完善②。

Nuzhat Malik 从英国法律的角度对何为慈善和慈善目的进行了探讨，非营利组织要获得免税必须满足为了公共利益或慈善目的。《慈善法》中对慈善进行了四项分类，即通过公共利益验证（Public Benefit Test）、减贫、推动教育以及促进宗教。2006 年《慈善法》修正后合并了“慈善”和“慈善目的”的法律定义，更加明确和拓宽了慈善目的的范围，这将推动慈善的建设和公众最大限度受益。当然因为慈善行为享受财政利益，因而在现实和法律上要谨慎地授予组织慈善地位③。

3. 非营利组织商业活动税收问题的讨论

对非营利组织商业活动的课税问题，学者从促进非营利组织

---

① Petr Pajas, “Recognition of Public Benefit in Legal Systems of Several Nations”, The International Journal of Not - for - Profit Law Volume 2, Issue 1, May 1999.

② Wino J. M. van Veen, “Public Benefit Status in the Netherlands”, The International Journal of Not - for - Profit Law Volume 2, Issue 1, May 1999.

③ Nuzhat Malik, “defining ‘charity’ and ‘charitable purpose’ in the United Kingdom”, The International Journal of Not - for - Profit Law Volume11, no 1, Novrmber 2008.

发展，有利于公平竞争等多个角度提出给予免税和征税。赞成对相关商业活动免税者主要系基于非营利组织应从事营利活动，方能维持组织的宗旨（甚至该活动本身即属组织宗旨，如医院、教育等）。Rose Ackeman（1982）认为，免税组织与其他企业不公平竞争行为经受不住经济学验证：当一个完全竞争性行业的营利组织经营者预计到非营利组织参与，营利组织的经营者就会采取相应措施，他投资所赚取的报酬与免税组织进入与否无关，因而她建议免除非营利组织无关商业活动所得税。Klein（1972），Bittker 和 Rahdert（1976）完全从理论的层面进行分析，质疑非营利组织从事商业活动所产生的不公平性问题。

反对商业活动免税的学者则认为同样从事经营活动，非营利组织可免税，营利组织则否，有违公平竞争原则（台湾财团法人喜玛拉雅研究发展基金会，2000）。Henry Hansmann（1981，1989）也认为，对非营利组织的无关商业活动应该更加注重分析其效率问题上，非营利组织的无关商业活动不会广泛地“挤出”营利组织，但是如果不对非营利组织的无关商业活动课税将会产生效率的丧失。若不限制非营利组织从事无关商业活动的行为，将会使其更多的动机去关注资产和收入的积累而不是将收入和资产用于免税目的。Robert J. Yetman（2001）认为，尽管非营利组织通常免征所得税，也要就与基本免征目的无关商业活动所获利润纳税，对无关商业活动课税以防止与营利组织间的不公平竞争。当然，无关商业活动纳税会出现无关商业活动与慈善活动发生的费用难以分清，如发生在免税和应税活动的连带费用。这就要求成本会计系统准确地分配这些连带费用，避免逃税费用发生①。

① Robert J. Yetman, “Tax - Motivated Expense Allocations by Nonprofit Organizations”, The Accounting Review, Vol. 76, No.3 (Jul., 2001), pp. 297 - 311.

4. 对非营利组织滥用税收优惠政策的讨论

Peter R. Elson 阐述了英国慈善委员会在 20 年的时间内最终诉讼了大约 400 个慈善组织，委员会最先调查的是教育慈善组织以及它们疏忽了公共教育，如贪污、慈善资金的不当分配等①。Mark W. Everson 认为，税收政策的滥用不仅包括慈善组织，而且也包括其他的免税组织。如果这些滥用仍然停留在无审查的并不加以处罚的状态，该风险会使得公众不仅对慈善组织失去信心并减少对它的支持，而且税收体系的完整性也将被损害。采取的措施是通过提高服务和更新计算机系统，加强税法的执行，以实现以下目标。第一，美国国内税务局［Internal Revenue Service (IRS)］制止免税组织和政治组织税法滥用；第二，避免第三方利用免税组织避税和其他非预期目的的滥用。IRS 要深入调查非营利组织滥用关联交易获取免税的行为，所采取措施包括立法的调整——这些立法促使纳税人和捐赠人，按照税法的要求披露免税交易，并将辅之以有效的惩罚措施推进信息的披露。其他的建议如增加对发起人的惩罚、增加对偏离宗旨的行为的惩罚，以及防止滥用海外账户以获取免征优惠的披露规则等②。

Bonnie S Brier 在研究免税组织的治理结构问题时指出，近年来，免税组织是否具有良好的治理结构已经成为税务部门稽查非营利组织所关注的重点。因为一个免税组织良好的治理结构能够潜在地避免组织滥用资源、确保遵从法律以及提高组织的整体效能。Ana Thompson 对良好的治理结构所产生的良好效果持反

① Peter R. Elson, "The origin of the Species: Why Charity Regulations in Canada and England Continue to Reflect Their Origins", International journal of not - for - profit law/vol. 12, No. 3, May 2010/75.

② Mark W. Everson, "IRS Commissioner Testimony: Chatitable Giving Problems and Best Practices", IR - 2004 - 81 June 22 2004, IRS Newsroom.

对意见。如果用法律来推动非营利组织治理问题，将会产生无法预计的法律后果，因为IRS所制定治理结构的模板不会适用所有的非营利组织，免税组织良好的治理结构就能保证不受到“惩罚”吗？不良的政策将会导致不良的实践，免税组织是由董事会而不是IRS支配①。

1.2.2　国内相关研究成果综述

1. 非营利组织税收优惠（免税）问题

近年来，我国学者尤其是法学界，开始从理论的角度来分析和论证非营利组织免税的原因以及采取何种税收政策。张守文（2000）认为国家对第三部门免税直接与其非营利性和公益性相关。公益性活动因其不具备可税性，因而要对公益性活动免于课税。唐雯（2011）认为非营利组织的非营利性是非营利组织最基本最核心的特征，是税收优惠的前提，应该对非营利组织非营利性的两层含义——非分配性和非经营性加以把握，认为非营利性是非营利组织所得税优惠的出发点。金锦萍（2009）总结了国外非营利组织获得所得税政策优惠的法理依据，虽然非营利组织所得税优惠制度在我国已经粗具雏形，但国内学界对于这一制度法理基础的论证尚未开始。理论基础的缺位导致非营利组织所得税优惠制度在现实中难以得到认同，通过国外所得税优惠理论的介绍，她认为所得税优惠的原因在于公共利益和非营利组织的所得不能成为税基（即收入理论）。王志刚（2004）依据可税性理论，论述了非营利组织免税资格认定，提出非营利组织享受免

① Bonnie S Brier and Ana Thompson, “The Appropriate Role Of The Internal Revenue Service With Respect To Tax - Exempt Organization Good Governance Issues”, the tenth report of ACT (the advisory committee on tax exempt and government entities), 2011 - 6 - 15.

税待遇需要满足的行为要件和主体要件，非营利组织（主体要件）的收益性、公益性和营利性（行为要件）决定了非营利组织免税与纳税。徐孟州、侯作前（2004）认为，非营利组织的税法地位有着深刻的法理基础，由公益性以及社会国家原则、税收公平和法定主义原则所决定。

2. 我国非营利组织税法存在问题的研究

里昂·艾里什、靳东升以及卡拉·西蒙（2004）分析了我国非营利组织现行的税收政策存在的问题。他们认为我国非营利组织存在非营利组织资格界定不清，营利活动和非营利活动、与组织公益目标相关的营利活动和与公益目标不相关营利活动之间没有清晰的界定，公益活动和互益活动没有加以区分等方面的问题，并提出了相应的我国非营利组织税收制度改革的建议。王锐（2009）认为我国慈善捐赠的财税激励政策因财务管理制度不清晰而出现管理标准、收入性质设定、费用合理性以及多部门监管的四大困局，从而出现企业捐赠的政策局限和个人捐赠税收抵免的空置现象，为此她建议政府部门应明确慈善组织的财务管理制度，构建外部审计体制，提高捐赠免税制度效率，加大公益捐赠的优惠力度。杨荣军（2007）、王兰（2008）在比较我国非营利组织现有税法和国外的非营利组织税法后认为，有关非营利组织在免税资格认定、相关商业活动和无关商业活动税收政策、我国非营利组织的立法层级低等方面存在问题，并提出相关的建议。曲顺兰（2006）、付强（2012）认为我国非营利组织税制存在税法缺位和税收征管失控并存、纳税人公益性捐赠税前抵扣限制较多、对民间非营利组织的歧视性税收待遇等问题，建议应该建立和健全非营利组织的适用税法体系、完善向非营利组织的捐赠税收优惠政策、扩大享受税收优惠政策的非营利组织的范围、区别对待非营利组织从事营利活动以及加快制定与税法相协调的非营利组织的会计制度等等。胡建怡（2006）、曲顺兰（2005）、刘植才（2010）等对改革和完善我国非营利组织的税收政策提出要研究和深入探讨的问题，如公益性和非营利性的关系、营利性和非营利组织的划分、非营利组织和营利性组织的税收待遇、公益性非营利组织免税资格的认定、民间投资社会公益的税收政策等方面进行了探讨。龙献忠和吕珈（2008）、陈南华（2005）、王学栋和赵斐（2007）、袁红兵（2009）、徐宇珊和刘华电（2007）等从国际比较的角度提出完善我国非营利组织税收政策的相关建议。金锦萍（2014）从非营利组织的概念在现行税法中界定所存在的问题出发，认为对非营利组织进行税收优惠的前提是概念的澄清。

3. 非营利组织营利活动的税收政策

刘磊（2005）在比较美国、日本、法国等国非营利组织所得税优惠政策后认为，我国应当对非营利组织的非营利性收入和营利性收入中免税收入和应税收入加以界定和规范。国家税务总局政策法规司课题组（2004）在介绍美国、日本、法国、英国的非营利组织税收优惠政策后认为，对非营利组织的相关商业活动和无关商业活动应该进行区分，对非营利组织不同的商业活动给予不同的税收待遇，建议对于无关商业活动应该与企业一样纳税。占苏（2010）对非营利组织的营利性收入的必要性，从税法原理上对非营利组织的营利性收入进行分析。他认为应该对非营利组织的营利性收入在税法中应该加以区分和明确，对与组织宗旨无关的商业活动课税而对与宗旨相关商业活动进行免税。陈影、章新蓉（2012）认为因资金的困境非营利组织商业化运作已经成为必然，我国现行的税收制度几乎没有涉及有关非营利组织商业化运作的规定，以致出现税收政策和征管实践的矛盾，因而要对非营利组织的商业化运营进行区分对待，制定相应的税收政策。程奕天（2014）认为要明确规定非营利组织从事慈善性商业活动的具体范围。李玉娟（2011）认为税收优惠制度的主体未考虑大量的草根非营利组织，法律法规执行效率较低，以及对这些组织非营利性收入征税的困惑。

4. 非营利组织税收政策被滥用的问题

安体富（2005）、陶水莲（2015）认为法律要明确规定和严格限制我国非营利组织商业收入和区分非营利性收入，由于我国税法缺乏对非营利性组织从事商业活动限定使用范围和活动类型，致使应负有纳税义务的非营利组织的营利性活动享受免税优惠。阳德华（2010）认为，在税法中明确地界定非营利组织的范围并对免税政策进行修改，能有效地防止税收政策被滥用并有利于非营利组织的发展。唐雯（2011）认为应该提高税收处罚力度，增大滥用所得税优惠的成本等措施，强化征管，防止非营利组织的所得税优惠政策被滥用。邵金荣（2003）[①] 认为，用教育事业的公益性来掩盖个人、私营企业等投资举办的民办教育的营利性，使其享受免税税收待遇，税收优惠政策被滥用。金松杨、肯罗（2007）认为对非慈善非营利组织的捐赠收入不应该采取免税，以防止税收政策被滥用。

1.2.3 研究基础和分析方法

就我国非营利组织的税收政策而言，其研究的基础应该是既要考虑税收政策的公平，又要考虑非营利组织的税收政策的效率。要用经济学及法学的理论与方法及其他有关实证和规范方法考察，研究特定社会的法律和法律制度的形成、结构、过程、效

① 邵金荣：《非营利组织与免税——民办教育等社会服务机构的免税问题》，社会科学文献出版社2003年版。

果、效率及未来发展的理论来构建非营利组织税收政策的理论和实践框架。这些方法和理论会使非营利组织的税收法律制度更加完善。从法学和经济学研究理论的构建上看，其所作理论分析的前提是首先必须确立某种假定条件，然后以这些假定条件作为理论研究的预设性演绎推理的逻辑前提，这是理论研究的基础。

1. 经济人假设的研究起点

经济个人主义强调个人追求自己经济利益的合法性，强调个人通过竞争和市场经济实现个人利益①。税收学属于经济学研究的范畴，而经济学则以“经济人”的假设作为研究基石，所谓“经济人”是经济学家构建的一种“会计算、有创造性并能获得最大利益的人”②，经济学正是以这样一种个人主义研究方法进行一切经济活动分析和研究活动。在非营利组织税收理论构建的过程中，把捐赠人、非营利组织管理层及税务机关看作是“经济人”，它们都是以有限理性追求自身利益最大化的个体。以“经济人”假设考察非营利组织的管理层、捐赠人以及税务部门，这些个体在参与公益性活动中，多层的委托代理为其谋求自身利益的最大化提供了可能和便利。“经济人”假设分析前提为税法规制提供了经济理论上的依据。否则，如果没有经济人假设这一前提，每个参与非营利组织公益性活动的个体完全是利他的个人，那也不会发生委托代理问题，所有的理论分析和现实的法规将不复存在。

因此以经济学理性“经济人”假设为构建分析非营利组织税收政策为研究的初始性命题或逻辑起点，使得法理学中税收法

① 彭中礼：“论社群主义思想产生和发展的背景与前提”，《今日南国》（理论创新版），2008年第5期。

② 胡玉鸿：“人的模式构造与法理学研究”，《中外法学》，2000年第5期。

定主义原则成为构建约束非营利组织各相关人成为主体原则，为非营利组织税法以基本人权保障为基础的正当性和非营利组织以提供公共服务为基础的公益性二者完美的结合。

2. 规范分析方法

人文社会科学的研究方法，是以研究者的价值判断作为研究起点。本书将以公平和正义为基础，评判我国及国外非营利组织的税收政策，在寻求正当性的基础上研究我国非营利组织税收政策。

3. 实证研究方法

本书运用委托代理理论分析非营利组织的各个利益关系人的行为，建立各个利益主体相互关系的博弈模型，通过非营利组织各个参与方的行为分析得出参与方的动机，为非营利组织税法规制和监管提供理论依据。

4. 比较研究方法

主要是将我国非营利组织的税法与国外的税法进行比较，借鉴有益的理论和经验，深入研究我国非营利组织税收政策问题的理论与实践，寻求如何完善并构建我国非营利组织税收体系。具体包括非营利组织概念、分类，非营利组织营利行为，非营利组织税收征管等方面的税法比较和分析。

1.2.4 研究框架

本书主要分为六章进行论述。

第 1 章为导论。主要包括研究的背景，研究的理论意义和现实意义，研究基础和分析方法以及本书的不足和创新。

第 2 章为非营利组织界定。本章分析了我国非营利组织的现状，探讨并给出我国非营利组织在税法中应有的界定。在探讨学界、民法和税法对非营利组织的界定基础上，以公益性特征为我国非营利组织的分类标准，对我国非营利组织进行了分类。非营利组织的明确界定和分类，为后续分析和论证奠定基础。

第3章为非营利组织税收政策选择的理论分析及实践研究。本章通过法理学的税收法定主义原则、公平原则，从法理的角度上解决了谁有权征税，向谁征税等问题，确立了非营利组织税收立法权以及非营利组织哪些对象可以成为税源。非营利组织在各国都享受税收优惠，优惠的原因在理论上也有多种论述，本章在前人论证的基础上，运用法理学、国家理论求证对非营利组织及其捐赠人采取税收优惠政策的根本原因。理论上认为组织的公益性为非营利组织免税的根本原因，为税法规制提供了理论上的依据，也解释了各国税法对捐赠人的公益性捐赠的免税、公益性组织免税、互益性组织限制性免税以及从事了与其组织公益目标相关的或无关营利活动的税收政策问题。在税法实践上，通过介绍英美税法，从实践上再次验证税法通过非营利组织资质申请、管理人员审查、年度信息披露、捐赠人税务减免、商业活动分类以及申诉制度等制度的建立，全过程监管非营利组织是否实现公益宗旨，以非营利组织信息的透明性和可核查性，来保证赋予非营利组织税收政策的合理性。

第4章为非营利组织税收政策滥用的成因和规制。本章运用委托代理理论，以经济人假设为前提，博弈论模型为分析方法，从理论上论证了非营利组织及各个参与方容易在监管不力的情况下，发生滥用非营利组织税收优惠以及公益资金的情况，因而有必要通过法治来约束和规范非营利组织的各个参与方，以防止非营利组织的税收政策被滥用。通过对英、美税法对非营利组织、捐赠人的利益回馈、实质捐赠人、影响立法和政治活动的限制、强制的信息披露和惩罚措施以及税务检查制度的分析，从实践上表明了非营利组织各个参与方有滥用税收政策的可能，为我国非营利组织税收政策的征管制度建设提供实践的借鉴和理论依据。

第5章为我国非营利组织税收政策现状的分析。本章以税法体系为分析框架，运用税收法定主义原则和公平原则，逐一分析我国非营利组织税法所存在的问题，认为我国非营利组织普遍存在的问题是非营利组织本身界定的含混，非营利组织分类公益性突出不足，获得非营利组织税法认定的“门槛”较高，获得法律地位后监管方面的税法供应不足。行政部门审批和立法过多，税收的法定主义原则和公平原则受到伤害。

第6章为我国非营利组织税收政策体系的构建。在坚持税收公平和法定主义原则的基础上，以完整性、差别性、透明性和可稽核性为创建原则，提出如何完善我国非营利组织的税收体制、税收程序法律制度、税收实体法律制度。非营利组织税收政策体系的构建，同时离不开法人登记制度、会计制度、司法制度、内部控制制度的完善，实现非营利组织税收政策和其他制度整体协调，形成内外相互配合的制度体系，使得非营利组织的资源能够高效、合理用于公益。

1.2.5 本书的创新与改进方向

本书在前人基础上对非营利组织的税收政策进行了较为系统论述和规范性研究，书中运用国家理论、法理学理论分析了非营利组织享有税收优惠的根本原因在于公益性和非营利性，以公益为非营利组织分类标准和采取何种税收政策的分界，从理论上厘清了我国非营利组织因界定不清所造成税收政策的混乱。以理性经济人假设为前提，分析了非营利组织各相关方的行为，运用委托代理理论，使用经济模型来分析各个相关方在个人利益最大化条件下容易发生税收优惠政策的滥用和寻租行为，为约束各利益方的行为需要税收法治和加强征管提供理论支持。书中详细介绍和比较了英美税法的经验，来印证理论的分析。

本书所得出的主要创新为以下几点。

第一，本书运用经济学、法理学、政治学理论论证，探究了如何以公益性为标准，给予非营利组织及其相关方一定的税收政策，并以公益性为依据对我国非营利组织进行分类，确立了我国非营利组织税收立法的理论基础。

第二，本书运用委托代理理论分析非营利组织及其相关方的行为，通过构建博弈模型，论证了在监管不足的前提下，非营利组织及其相关方易于滥用税收政策，为非营利组织的税收监管提供了理论依据。结合我国非营利组织税收政策的现状，并借鉴英、美税法的经验，提出完善我国非营利组织税收监管制度，弥补税收监管制度缺陷的具体思路。

第三，书中提出，构建与营利组织的差别性、信息披露的透明性、捐赠资源使用的可稽核性原则来搭建我国非营利组织的税收政策体系，丰富了税收立法原则的理论内涵。

第四，本书提出完善我国非营利组织会计制度、内部控制制度、税务司法制度、法人登记制度的方案，以提高非营利组织税收监管和公益资源使用的效率。

第五，运用税收法定原则论证了非营利组织税收政策的制定不能交由行政部门，要由最高立法机关立法并明确课税要素。

本书的改进方向：首先因难以取得我国非营利组织及其税收优惠的相关数据，无法深入分析和精确度量非营利组织对社会公共利益的贡献情况，进而无法通过数据分析来探究税收政策支持非营利组织发展的程度。因此，本书只能通过理论分析以及逻辑推导，定性研究并得出结论，这也是今后需要进一步完善的问题。其次，在分析非营利组织的税收优惠政策时，仅探究了享受税收优惠政策的原因，结论认为与公益宗旨无关的营利性行为应按照营利组织的税收政策执行，这种处理方法是否合适和恰当，需要进一步验证和论证。再次，本书虽然提出道德、文化等因素也会影响非营利组织税收政策的有效实现，但缺乏对这些影响因素进行深入分析。最后，书中涉及经济学、法理学、社会学等多个领域，对众多的理论进行梳理和整合并用于非营利组织税收政策的分析，难免有论证和理论嫁接的疏漏和不足。

第2章 非营利组织界定

按照税收法定主义原则要求，作为纳税主体的非营利组织，在税法中应该有明确的界定，以明确非营利组织在税法中所应有的权利和义务。因而在非营利组织有关税收政策论述前，有必要从税法的角度来探讨非营利组织的概念及其特征。我国企业所得税法中首次提出非营利组织这一概念，税法没有进一步对非营利组织进行诸如概念、分类、特征等进行明确界定。我国现行税法中，对非营利组织[①]的称谓就比较混乱。有按照取得法人地位的组织形式的称谓，如社会团体、基金会、事业单位、民办非企业单位等。有按照组织性质称谓如慈善组织、公益组织等。还有按照活动领域的称谓，如非营利性医疗机构、非营利性教育机

① 这里的非营利组织是更广泛意义上的称谓，不仅仅是指企业所得税法中的范围。

构、非营利性科研单位等。非营利组织界定的混乱，一定程度造成对非营利组织管理的混乱和难以监管。本章在借鉴学界、各国税法的基础上，多角度分析，对非营利组织进行界定。明确非营利组织的特点以及在税法中的分类，为后续的研究奠定基础。

2.1 非营利组织内涵及特征

2.1.1 非营利组织内涵

20 世纪 70 年代以来，发达国家和第三世界国家的非营利组织以及跨国性非营利组织的兴起，在世界范围内发动了一场"全球结社革命[①]"。这改变了学者长期以来将社会组织分为提供公共产品的政府部门和提供私人物品的企业部门的分类，非营利组织的出现，使其成为与政府、企业并驾齐驱的"第三部门[②]"。因其活动涉及环境保护、慈善救济、社区服务、公民互助等多个领域，因而也被称为慈善组织、环保组织、社团组织、社会团体、公益部门、志愿组织等。由于非营利组织在引导社会公平、促进经济发展、倡导正义等方面发挥着越来越重要的作用，它引起学术界、政府部门的高度重视。那么，非营利组织将如何界定？本节在梳理学界、民法以及英、美发达国家税法中对非营利

① 【美】莱斯特·M. 萨拉蒙：《公共服务中的伙伴：现代福利国家中政府与非营利组织的关系》，商务印书馆 2008 年版，第 243 页。

② 温艳萍：《民间非营利组织的社会与经济效应研究》，上海人民出版社 2008 年版，第 2 页。

组织所做的界定的基础上，与我国税法[①]中所做的规定相比较，以期为我国非营利组织在税法中进行的界定。

1. 学界中的内涵

学界对非营利组织的定义出于研究对象、研究范围不同，从而产生了各种各样的定义。归纳起来，主要体现为以下几种学说。

（1）特征说。在非营利组织的定义问题上，学界引用和演绎得较多是莱斯特·M. 萨拉蒙教授对非营利组织的界定，他认为非营利组织要具有组织性、非政府性、非营利性、自治性、志愿性等特征[②]。沃尔夫则认为非营利组织应具有以下五个特征：有服务大众的宗旨；不以营利为目的的组织机构；有一个防止任何个人利己营私的管理制度；本身具有合法免税地位；具有可提供捐赠人减免税的合法地位[③]。满足上述特征的组织才是非营利组织。

（2）公益与互益说。持有这种观点的学者重点强调非营利组织的公益性和互益性。比如邵金荣将非营利组织与非政府组织比较后认为"非营利组织的划分和界定，则要严格区分以公众利益为宗旨的组织和以会员利益为宗旨而并非以公共利益为宗旨的互惠性组织……这时常将公益性组织称为公益性非营利组织，以示与互惠型非营利组织的明确区别"[④]。该类定义源于布劳（Blau），他将社会组织分为四种类型：第一是经营性组织，即

① 这里所指的税法是广义范围的税法，包括全国人民代表大会及其常委会、国务院通过的税法以及部门规章等法规。

② 【美】莱斯特·M. 萨拉蒙等著，《全球公民社会非营利部门视界》，贾西津、魏玉等译，社会科学文献出版社 2007 年版，第 3 页。

③ 邓国胜：《非营利组织评估》，社会科学文献出版社 2001 年版，第 3 页。

④ 邵金荣：《非营利组织与免税》，社会科学文献出版社 2003 年版，第 3 页。

企业组织；第二是互益组织，主要是指谋利于成员的组织；第三是社会服务组织，主要是指那些致力于服务对象利益的组织。第四是公共服务组织，主要是指服务于社区公共利益的组织①。

（3）剩余说。即用剩余排除法，把非营利组织看成为除了政府和营利组织以外的一切社会组织的总和。这类概念源于 Levitt 提出第三部门的定义，既不是国家机构也不是私营企业的第三类组织②。

2. 民法中的内涵

各国从民法的角度赋予非营利组织相应的法人地位时，分别采取了以法人的功能或财产来源的不同加以界定。

（1）非营利组织以功能加以界定。如捷克公益法人法规定，以本法成立对普通公众提供使其普遍受益的服务，并且基于相同的条件对所有的顾客提供服务，其利润不得为了发起人、法人机关成员或者雇佣的利益而使用，而必须用于作为公益法人设立目的的公益性服务③。日本特定非营利活动促进法中规定，特定非营利活动是指附录中列明的以促进多数不特定人的利益为目的的活动，所指的特定非营利活动法人是指以从事特定非营利活动为主要目的……把完全以慈善公益目的及主要在公共福利领域活动的民间志愿组织命名为“特定非营利组织”④。美国非营利法人示范法对非营利组织的一般定义是：组织和成员的利益脱钩；除

① 王名，刘国翰等：《中国社团改革——从政府选择到社会选择》，社会科学文献出版社 2001 年版，第 15 页。

② Levitt，T.，The Third sector：New Tactics for a Responsive Society. New York：Amacom. 1973。

③ 金锦萍，葛云松：《外国非营利组织法译汇》，北京大学出版社 2006 年版，第 168 页。

④ 金锦萍，葛云松：《外国非营利组织法译汇》，北京大学出版社 2006 年版，第 309 页。

非解散，组织收益不分配给成员。非营利法人通常包括公益法人、互益法人和宗教法人[1]。我国公益组织法和《慈善法》也是从组织的功能加以界定，如公益组织法中规定依法成立的公益性社会团体和公益性非营利的事业单位；《慈善法》规定以面向社会开展慈善活动为宗旨的非营利性组织。

（2）非营利组织以财产来源加以界定。如美国的慈善信托和英国的信托基金，它们的成立都是委托人通过遗嘱或法律文书的形式，明确信托人要按照要求将信托资产用于公益或慈善事业。我国民办非企业单位和基金会，也是按照财产来源加以界定。如民办非企业单位是指企业事业单位、社会团体和其他社会力量以及公民个人利用非国有资产举办的，从事非营利性社会服务活动的社会组织。基金会是指利用自然人、法人或者其他组织捐赠的财产，以从事公益事业为目的，按规定成立的非营利性法人。

3. 税法中的内涵

（1）美国税法中的非营利组织内涵。美国在税法中将非营利组织划分为慈善组织、教会和宗教组织、政治组织、私人基金会以及其他非营利组织。上述组织若满足税收法典 501（a）款免征联邦所得税的要求，也被称为免税组织（Exempt Organization）。美国至少近 180 万个免税组织，拥有 3.4 万亿元的资产，这些非营利组织雇用了 940 万名员工，占美国就业人数的 7.2%。按照美国国内税务局（Internal Revenue Service，简称 IRS，下同）的数据库，2006 年有 1726491 个免税组织，其中 501(c)(3) 组织为 1064191 个，占 63%，社会福利组织为

---

① 金锦萍，葛云松：《外国非营利组织法译汇》，北京大学出版社 2006 年版，第 78 页。

135155 个（占 8%），还包括商业协会 86563 个（占 5%）等[①]。

在美国税收法典中对免税组织的定义为，组织成立和存在的目的是为了从事慈善、教育、宗教性等公益性事业，组织不以营利为主要目的，可以营利但务必将所获利用于所声明的非营利目的，并在法律上禁止分配任何利润给其控制人，即该组织所获得的利润或收入不能为管理人员增加收益，不能给控制该机构的人提供任何不适当的利益。除此而外，组织的资产必须永久地贡献给免税目的，如果组织解散，它的资产必须分配给一个免税目的的组织，或联邦政府，或州，或地方政府用于公共目的，所设立的组织将持久地从事免征目的的活动。组织的成立章程应该规定组织解散时将组织的资产分配给免税目的的组织。如果组织章程中没有这项规定，组织自提交免税申请前应该修改，州政府官员可以提供更多的关于如何修改组织文件的信息，美国国内税务局（IRS）提供了组织文件的样本并包括所需的规定[②]。IRS 出版物 557 规定，每一个 501（c）（3）组织必须按照公司、信托、非公司协会的形式创建以享有免税资格，以个人或合伙的形式将没有资格享受免税[③]。

（2）英国税法中的非营利组织内涵。英国税法将非营利组织分为慈善组织（Charities）、与慈善相关的组织（Bodies Corporate Connected Charities）、享受免税资格主体（Qualifying Bodies）和志愿者组织（Voluntary Organisations）。英国税法对慈善组织

---

① Stephen Fishman, "Every Nonprofit's Tax Guide: How to Keep You Tax - Exempt Status and Avoid IRS problems", pag. 5, Copyright @ 2009 by Nelo.

② Stephen Fishman, "Every Nonprofit's Tax Guide: How to Keep You Tax - Exempt Status and Avoid IRS problems", pag. 6 - 7, Copyright @ 2009 by Nelo.

③ IRS, Tax - Exempt Status for Your Organization, Publication 557, Rev. February 2015.

的规范和管理最为详细，税法对慈善组织的定义为[①]，组织的设立必须仅是为了慈善目的，并接受最高法院管辖权的控制。也就是指组织的成立文件中必须限定组织的目的是完全满足英格兰和威尔士法律下的慈善定义并必须提供公共利益，且法律要求慈善组织必须接受最高法院的管辖权，法院有权利判定组织的慈善目标。慈善组织必须在它的治理文件（governing document）中限定，所有的收入和资产用于声明中所提出的慈善目的，而不能用于其他目的活动，这样才能够获得税收优惠政策。至于什么是慈善目的或公共利益，英国 2011 年《慈善法》中具体列出了 13 个方面[②]。它们包括：关注健康和拯救生命，增进公民意识和社区发展，扶贫与预防贫困，推动教育，促进宗教，促进艺术、文化、保护历史遗产和科学，发展业余体育运动，促进人权、解决冲突，平等与多样性，扶助需要帮助的老年人、残疾人、病人、穷人、青年人或者其他弱势群体，提倡和促进各宗教与种族之间和谐，保护与改善环境，保护动物，提高皇家武装部队效率，以及其他符合本法律相关条款规定的事业[③]。2011 年《慈善法》把是否为公共利益服务作为判定是否为慈善的标准。慈善委员会根据 2011 年《慈善法》的规定并结合具体的情况做出判断，只要慈善委员会注册组织为慈善组织，英国税务和海关总署（Her Majesty's Revenue and Customs，本书以下简称 HMRC）就会认定为慈善组织，组织就会享受相应的税收优惠。

英国税法规定慈善组织若获得税收优惠政策，要按照民法要

---

① The Charity Commission，"Public Benefit requirement（PBI）"，16 September 2013。

② 在慈善委员会的解释中，慈善目的和为了公共利益两者的含义是相同的。Charities Act 2011（C. 25），Part 1，Chapter 1，Page 2。

③ Charities Act 2011（C. 25），Part 1，Chapter 1，Page 3。

求以慈善公司组织形式成立。

（3）我国税法中的非营利组织内涵。我国税法首次在企业所得税法中提出非营利组织的概念，财税〔2009〕123号文[①]做了进一步规定，非营利组织所包括的范畴为依照民法成立的事业单位、社会团体、民办非企业单位、基金会、宗教活动场所以及财政部、国家税务总局认定的其他组织。至于要成为免税组织，还要满足其他条件，但主要条件是组织的非营利性和公益性。我国所得税法强调组织形式的做法，缩小了非营利组织概念所涵盖的范围。事实上我国现行税法中（如增值税等税种）还有大量具有相同性质的组织，如非营利科研机构、公益慈善组织等等。

据上所述，无论学界、民法以及税法对非营利组织内涵分析，都强调要具有公益性或/和非营利性。英国税法更是明确了慈善所包括的具体范围。英美税法要求非营利组织若享有税收优惠政策，还要按照一定的组织形式成立。根据税收法定主义原则，在借鉴学界、民法以及税法界定的基础上，建议我国税法中对非营利组织的内涵界定应包括以下内容，即非营利组织要依法登记，不以营利为目的，以公益为宗旨从事活动，具有一定独立程度的组织。这种比较宽泛的定义方式能够涵盖我国现行税法中所有类型的非营利组织，还突出了非营利组织应有的特性。

至此，上述内涵所反映的共性是组织要从事公益或慈善活动，所获得收入不可分配并继续用于公益或慈善目的，强调的重点是非营利性和公益性。正是因为非营利组织所具有的这些特性，才能够成为有别于营利组织和政府的非营利组织。因而对非营利组织的公益性、非营利性等特征做进一步的明确，既能在税

---

① 该文已经废止，由财税〔2014〕13号文替代，但是对所得税法中非营利组织概念进行最先解释的还是财税〔2009〕123号文。

法实践中为判断非营利组织提供标准，也符合税收法定主义课税要素明确性的要求。

2.1.2 非营利组织特征

关于非营利组织的特征，最具代表性的是美国约翰—霍普金斯大学的莱斯特·萨拉蒙教授提出的五个特征：（1）组织性；（2）非政府性；（3）非营利性；（4）自治性；（5）志愿性①。在这五个特征中，非营利性和非政府性将非营利组织与营利组织和政府相区别，成为非营利组织最基本的特征。公益性在税法实践中成为非营利组织获取何种税收政策最主要的特征。本节将结合税法来进一步考察非营利组织的非营利性、非政府性以及公益性。

1. 非营利性

非营利性是区别于营利性组织的根本属性。作为非营利组织，其宗旨可以有各种表述，不以营利为目的是一切非营利组织的首要宗旨。民法的“非营利”是私法的强制性规范，即一旦非营利组织成立，当事人不能通过修改章程而使非营利组织不受“不分配限制”的约束。一旦设立人选择非营利组织的方式，就遵守有关非营利的法律规定②。非营利法人的目标不是最大化出资人利益，出资人也不能享有利润分配的请求权和剩余资产的请求权。也正是非营利性所具有的上述特点，因而有研究者认为非营利性成为所得税税收优惠的制度基础③，但是在税法实践中不

① 【美】莱斯特·M. 萨拉蒙等：《全球公民社会非营利部门视界》，贾西津、魏玉等译，社会科学文献出版社 2007 年版，第 3 页。

② 陈金罗，葛云松等：《中国非营利组织法的基本问题》，中国方正出版社 2006 年版，第 78—79 页。

③ 唐雯：“论非营利组织所得税优惠的制度基础”，《山西财政税务专科学校学报》2011 年第 6 期。

完全支持这种观点，例如在美国不是所有的非营利组织都是免税（指联邦所得税）组织，最知名的非营利组织而不免税的是全国足球联盟以及纽约证券交易所。

非营利的特性并不排除非营利组织从事营利性活动，公益组织商业活动的税收（政策）在非营利组织的资金持续性获得方面扮演着重要的作用①。对于非营利组织所从事营利活动，大部分的学者所持有的观点是依据非营利组织从事营利性活动所获收入的使用方向，如果继续用于非营利组织宗旨所规定的事业中，那么则免税；如果营利行为没有用于组织宗旨所规定的事业，则按照与营利性组织同等的税率来征收体现税法上的公平原则。正如葛克昌所言，公营事业在实质上从事与私法人相同之活动，租税负担能力亦无差异，因此，在税法上应与私法人一视同仁，具有纳税能力，成为纳税主体②。只有这样，才能体现税收上的公平，否则就会出现享受税收优惠政策的非营利组织的营利活动与营利企业的应税营利活动之间的不公平竞争，造成新的不公平，违背宪法上的平等原则③。在实务中，为了避免非营利组织的营利性活动不影响其公益目的，各国对这部分营利性业务的范围占非营利组织所从事公益性事业的比例加以规定。比如日本非营利组织法明确规定，从事营利性事业的比重不得超过非营利组织宗旨活动的50%。南非税法规定，非营利组织从事商业活动要进行最小规则（a de minimus rule/mechanical test）或相关性测试（relatedness test），最小规则是指商业活动的收入占总收入的15%

① Karen Nelson, "The Taxation of NPOs in South Africa", The Internation Journal of Not - for - Profit Law V3, I1 SEP. 2000.

② 葛克昌：《税法基本问题》，台湾月旦出版社有限公司1996年版，第173页。

③ 徐孟州、侯作前："论非营利组织的税法地位"，《江西财经大学学报》，2004年第3期。

或 25000 卢比[①]。而相关性测试是指收入从“相关的”商业活动中分离出来，重点关注的是商业活动的收入能够弥补成本并即可，这样就不会引起与纳税企业间的不公平竞争。我国也有学者提出借助现金比率、资产周转率、非限定性资产增长率、投资收益与收入之比、报酬结构以及支出结构等比率，对非营利组织的营利性行为进行分析，以判定营利行为是否符合组织的宗旨[②]。

2. 独立性或非政府性

非营利组织的独立性是相对于政府来讲，要求非营利组织要具有相对的独立性。即组织的运行、决策和行为的机制与能力，都属于独立自主的自治组织。但并不意味着非营利组织不能接受政府的资助，事实上，许多非营利组织收入大部分来源于政府[③]。自治性是指非营利组织是相对独立的自治组织，具有自我管理、自我判断和行为的机制与能力，有完善的治理机制，能够对组织实现自治。在税收领域强调非营利组织独立性或非政府性的特征，一方面是为了避免非营利组织在立法方面的游说，参与到政治活动中；另一方面非营利组织在不限定营利的行为的前提下，如果具有政府的功能，且从事营利活动将会造成垄断经营，再享受有别于营利组织的特别税收政策，加大市场不公平竞争。美国税法对非营利组织参与政治活动、游说等方面颁布禁止性规定，要求公共慈善组织，不能从事事实上的游说；不能参与地方、州或联邦政府的选举人的政治运动。美国国内税收法典要

① 里昂·艾里什、靳东升、卡拉·西蒙：《中国非营利组织税法研究》，世界银行 2004 年委托报告，第 112 页。

② 陈婧岷、彭丽娜、张思强：“民间非营利组织营利性行为识别的比率分析法”，《商业会计》，2014 年第 9 期。

③ 张勤谋、耿秀芹：“我国非营利组织面临的资金问题及对策”，《会计之友》，2011 年第 8 期。

求，所有的501（C）（3）组织是绝对地禁止直接或间接地为了（或者是反对）任何竞选公职的选举人的利益参与或涉及任何政治活动，违背这些禁止的结果是拒绝赋予或取消免税地位以及征收某些消费税。通常情况下，如果组织参与了实质性活动试图影响立法（也就是通常所说的游说）活动，该组织也许无资格获得501（c）（3）组织的地位。

强调非政府性的特征对于构建我国非营利组织税收政策的意义在于，我国现行税法[①]所界定的非营利组织中存在着具有政府职能的组织，如具有政治职能的人民团体、担任行政职能的事业单位[②]等等。若对这类非营利组织实施不加以区分的税收政策，尤其是宽松的和有差别的税收征管制度显然不符合税收的公平原则。

3. 公益性

公益性或者称为公共利益性是非营利组织重要特性，公益性决定非营利组织能够享受某种税收政策关键因素，也是被学界认为比较难以界定准确范围的属性。长期以来"公共利益"作为法学、政治学、经济学及行政学规范体系的核心概念，往往被视为权力正当性的来源、行为价值判断的基础和法律保护的目标[③]。然而，"公共利益"究竟是什么？有学者指出，提出被普遍接受和客观的公共利益概念是不可能的，也找不到实质性的词句去定义公共利益[④]。"公共利益"也是法律中常见的词汇之一。例如，我国宪法第十三条："国家为了公共利益的需要，可以依

① 财政部、国家税务总局：《关于非营利组织免税资格认定管理有关问题的通知》，财税〔2009〕123号。

② 俞路："事业单位改革的五点思考"，《中国行政管理》，2011年第5期。

③ 孙鹤汀：《征地纠纷的政治学分析》，知识产权出版社2011年版，第165页。

④ Framk J. Soraut, "The Public Interest Reconsidered" Journal of Politics 19th, Nov. 1957. PP. 616－639.

照法律规定对公民的私有财产实行征收或者征用并给予补偿”。且公共利益也随着时代的变迁其所包含的内涵也发生着变化和演变。作为一个经常见之于法条的专业词汇，给它确定一个相对明确的外延与内涵还是很有必要的。

有研究者总结了学界对公共利益的内涵诠释，认为大体上有三种观点：其一是功利观点，认为公共利益是通过利益团体协议或成本效益分析后，个人偏好的综合；其二为权利导向观点，主张公共利益源于个人权利；其三为社群观点，认为公共利益乃社群全体成员经由面对面的民主讨论所形成的共识①。能令学界普遍接受的定义是德国学者纽曼对公共利益的定义：“公共利益是指在一定地域范围内涉及不特定多数人的利益”。公共利益表示构成政体大多数人的共同利益，它是基于公共政策应最终提高大多数人的福利，而不只是少数人的福利②。上述定义中涵盖判定公共利益的两个标准：其一是不特定多数人，指受益的人是多数的而不是特指的，不经过事先划定范围的多数人；其二是一定地域范围内的多数人。对于这两点的标准需要探究的是如何保证公益性判断标准的公平正义。按照民主理论③，现代政体的基本原则是人民主权，人民选举产生的议会代表所组成的议会享有至高无上的权力。多数议会代表同意的利益，就是公共利益。为了多数人的利益，可以牺牲少数人的利益。民主程序让政府在涉及少

① 钱俊文：《国家征税权的合宪性控制》，法律出版社 2007 年版，185 页。

② 胡晓红：《中国反倾销法理论与实践》，中国社会科学出版社 2007 年版，第 227 页。

③ 民主理论的代表人物 Anthony Downs 认为，选举程序可以确保政府在公共利益问题上的相对公平，他解释民主程序的理念源自于经济理论，一个公开和竞争充分的选举系统有利于促进政府代表最广泛人民的意愿，即最接近公共利益。【英】安德鲁·海伍德：《政治学导论》（第三版）（英文版），中国人民大学出版社，第 248 页。

数个人与企业的私人财产权时无所顾忌。民主确实是优良的公共生活的基础性制度，但民主未必能够保障私人财产权①。可见公共利益不能厘清，就可能使国家公权力以“公共利益”之名进行不恰当的扩张。反映到非营利组织的税收政策上，国家行政机构就可以借用非营利组织的公共利益之名，无限赋予非营利组织以税收上的优惠政策。尤其我国非营利组织税收优惠政策在落实法定主义原则没有引起足够的重视，现行非营利组织的税收法律法规大部分由行政机关制定的行政法规、部门规章、地方规章甚至是规范性文件所构成，助长了行政权力被寻租和非营利组织优惠政策的滥用。因而有必要完善和明确非营利组织的公益性，尽量给出一个明确的范围，从立法程序上保证确定公益形成的正义和公平，在司法上给予认定和裁判。

根据各国对非营利组织的税收政策和管理的经验来看，大多数国家一般都把非营利组织中的纯公益性组织单独划分出来，给予这类非营利组织更为优惠的税收待遇。公益组织同那些以私人利益和有利于私人经营活动设立的组织相区分在欧洲已经根深蒂固。判例法的法律汇编体系对公益的规定要始于 1601 年英国《慈善法》的颁布，英国的慈善公益成文法颁布的目的是为了明确慈善所包含的范围以减少慈善滥用。随着经济的发展和社会的进步，英国慈善公益的概念就不再局限于减除贫困而扩展为照顾病人、培训学徒、架设桥梁、维护道路以及其他相关的目的。在波斯尼亚、保加利亚以及其他国家都对公民社团组织颁布基本立法来定义其公益地位。其最大的意义在于社团、基金会以及以公益地位扩展的组织形式都在法律监控之下。这些法律明确规定了有关公益地位监管问题以及与公益相关的范围，包括公益地位的

① 秋风：《政府的本分》，江苏文艺出版社 2011 年版，第 239 页。

定义、获得公益地位的标准及其所付的义务。有学者在总结世界各国的实践后将公共利益的界定方法概括为三种，即概括式规定、列举式规定和折中式规定。概括式规定是指原则性概括和限定公益的范围。列举式详尽列举公共利益的事项。折中式既有原则性的规定又有范围的列举①。上述几种界定方法，概括式由于太过于原则不利于操作，也不利于税法课税要素明确原则的实现。而不论列举式还是折中式，都需要有一个比较明确的范围，因而公共利益所包含的范围就极为重要了。

国家选择公益目的所包括的范围是重要的，因为它反映了国家的需求、价值判断以及文化传统。例如在荷兰，公益目标已经出现在财政法律体系中，它包括的目标为教会的、以人生哲学为基础的、慈善的、文化的、科学的以及公益效率等。德国税法的公益目标包括关注公共健康、社会福利、环境保护、教育、文化、业余体育、科学、对生活不能自理者的照顾，以及教会和宗教等。在法国，税法定义的公共利益包括，但不限于其他的活动，如对所需要帮助人员的帮助、科学和医疗研究、业余体育运动、艺术和艺术品传承、自然环境保护以及法国文化保护。在匈牙利，单行的公益立法列举了 22 类不同的目的，包括健康、科学研究、教育和文化。同样的，波兰的法律也列举了 24 类公益活动。可见，多数欧洲国家通过活动领域列举的方式来明确何为公共利益。以下列举了多个欧洲国家几乎公认的所有公益活动：业余体育运动、艺术、帮助或保护身体上或精神上残障人士、帮助难民、慈善、公民权或人权、消费者保护、文化、民主、生态或环境保护、教育、培训及启蒙教育、减除基于种族、种族特点、宗教的歧视以及任何其他法律形式的歧视、减贫、健康或身

① 陈洪波：《依法行政论丛》，湖北人民出版社 2010 年版，第 305 页。

体健全、历史遗迹保护、人道主义或减除疾病、医疗关怀、保护儿童、青年和不利个体、保护或关心受伤或脆弱的动物、减轻政府负担、宗教、科学、社会凝聚力、社会和经济发展、社会福利①。

各国获得公益地位标准的不同，反映了各国立法目标、社会需求以及当地的环境和传统的不同。但授予公益地位主要考虑以下标准：法律上合格的组织、公益目标的受益人以及财务监管的要求、公益组织必需的组织形式和运营的范围。除此之外，比较易于判断的标准为受益对象的多寡、所提供物品的公共性、是否有助于国家和社会进步以及结果的公众受益与否②。

在讨论非营利组织公益性的同时，不可避免要讨论另一个与公益相关联的概念，即慈善。尤其是我国在 2016 年 3 月颁布了《中华人民共和国慈善法》（以下简称《慈善法》），该法的颁布从民法的角度对慈善和慈善活动进行了明确。从逻辑学的角度上看，公益与慈善两个概念既具有同一性，又具有相异性。同一性可以从我国 1999 年颁布的《中华人民共和国公益事业捐赠法》（以下简称《公益事业捐赠法》）和《慈善法》两者对慈善活动和公益事业所包含的范围比较可以得出。在表 2－1 中，通过两法界定的范围比较来看，慈善和公益所包含的范围可以说大部分是相统一的，只是《慈善法》中慈善活动所涵盖的范围要比公益事业要宽泛得多，如在第三款和第四款中规定的自然灾害、事故灾难、防治污染和其他公害为公益捐赠法中所没有。按照学界的解释，多数人比较认同的说法是两者实施主体的不同而产生称

① David Moore, Katernia Hadiz, "A Comparative Overview of public Benefit Status in Europe", International Journal of not－for－profit Law, Vol. 11, 2008. 05.

② 陈洪波：《依法行政论丛》，湖北人民出版社 2010 年版，第 306－308 页。

谓上的差异，以政府为主导的称为“公益”（或公共利益），而以民间志愿者发起的公益活动称为“慈善”。进一步而言，公益事业的参与主体既可以是政府，也可以是民间自动发起和成立的各类组织以及个人。当然在学界所持有的另一种观点认为，公益和慈善的区别为受益对象的广泛性上，认为公益的受益对象为不特定的多人，而慈善的受益对象还包括具体的个人。无论法律上以及学术上如何表述，本书认为政府之外由民间志愿组织的公益或慈善活动都纳入到本书所涵盖范围之内，以涵盖税法中所有的公益性组织以及志愿捐赠公益或慈善的个人，这也符合本次《慈善法》中慈善活动范围大于公益捐赠法中公益事业的范围。

表2-1　我国《公益事业捐赠法》与《慈善法》慈善活动和公益事业所包涵范围比较表

第三条中包含的款项	《慈善法》中慈善活动的范围	公益事业捐赠法公益事业的范围
（一）	扶贫、济困	救助灾害、救济贫困、扶助残疾人等困难的社会群体和个人的活动
（二）	扶老、救孤、恤病、助残、优抚	教育、科学、文化、卫生、体育事业
（三）	救助自然灾害、事故灾难和公共卫生事件等突发事件造成的损害	环境保护、社会公共设施建设
（四）	促进教育、科学、文化、卫生、体育等事业的发展	促进社会发展和进步的其他社会公共和福利事业
（五）	防治污染和其他公害，保护和改善生态环境	
（六）	符合本法规定的其他公益活动	

按照上述对公益性的讨论，结合我国公益事业捐赠法和《慈善法》，有必要明确我国税法中公益所包含的领域。它应该包括以下领域：救助灾害、救济贫困、扶助残疾人、救孤、恤病、助残、优抚等困难的社会群体和个人的活动；教育、科学、文化、卫生、体育事业；环境、防止污染和其他公害及社会公共设施建设；促进社会发展和进步的其他社会公共和福利事业和其他公益活动。对于公益所包含的领域，为增强税法的灵活性和及时满足社会发展的需要，建议在公益事业捐赠法和《慈善法》所包括的公益基础上，增加一条不限定列举式，即在立法授权前提下，国家可根据社会和经济发展认定社会普遍公认具有公益的领域。

非营利组织的三个特性是同一主体的不同表现，虽然非营利特性被学界认为是非营利组织的第一特征，但是非营利的特性不能成为组织的终极目的。政府、捐赠人、企业将资源捐给非营利组织绝不是为了其非营利，而是为了组织能够实现公益，公益的特性才是组织成立和能够使得出资人不为求任何利益回报的情况下，将资源交给非营利组织。也正是非营利组织的公益性目的，才能使得组织获得税法的特别政策。从这个意义上讲，非营利组织的非营利性是依附于公益性的目标，公益性目标才是非营利组织的终极目标。

当然，如果同时满足上述所有特征才能成为我国税法所规定的非营利组织，完全符合标准的非营利组织将会很少。因为我国“非营利组织具有政府性，非营利组织具有营利性”①。

① 陈金罗、葛云松等：《中国非营利组织法的基本问题》，中国方正出版社 2006 年版，第 23 页。

2.2　我国非营利组织现状及分类

2.2.1　我国非营利组织现状

改革开放以来，我国非营利组织在赈灾、医疗、保健等方面取得了长足的发展。截止到 2015 年底，全国在民政部门登记的社会组织（社会团体、民办非企业单位和基金会）约 66 万个，许多社会组织将公益慈善作为服务宗旨。截至 2015 年底，全国共建立经常性社会捐助工作站、点和慈善超市约 3 万个（其中慈善超市 9654 个），初步形成了多种类型、分工协作的社会捐赠网络。社会捐赠数额大幅度提升，对困难群体的帮扶力度不断加大（见表 2－2）①，在一定程度上弥补了政府提供公共服务的不足。

表 2－2　　民政部门和社会组织接受社会捐赠情况表　　单位：亿元

指标	2008 年	2009 年	2010 年	2011 年	2012 年	2013 年	2014 年	2015 年
接受捐赠款	744.5	507.2	596.8	490.1	572.5	566.4	604.4	654.5

近些年，我国非营利组织虽然获得了长足的发展，但它们在资源的获取和运用，发挥自身作用方面仍存在一些问题。主要表现为政社不分、经费不足、能力不够、法制缺陷等四个方面。其中经费不足是一个相当普遍和严峻的问题②，很多学者也认为我

① 中华人民共和国民政部：2015 年社会服务发展统计公报。

② 王名：《非营利组织管理概论》，中国人民大学出版社 2002 年版，第 52－53 页。

国多数非营利组织的资金运行都有一定困难①。2000年对我国国内社团组织基本情况全国性调查显示，有41.4%的社团认为面临主要的困难是缺乏资金，排在所有困难的第一位②。最近针对上海市非营利组织的调查结果显示，70%的调查者认为非营利组织的资金不足以维持日常的运营与发展③。法制缺陷在一定程度上制约了非营利组织获得资金的途径，其中税法在诱导捐赠以及支持公益问题上的含混，使得社会公众向非营利组织捐赠的意愿不强。2009年我国人均捐赠额仅为33元，占人均GDP的0.13%④。国际经验表明在人均GDP超过3000美元时，社会捐赠的规模大致相当于GDP的0.5%⑤。据此计算我国社会捐赠的潜在规模2015年将达到3446亿元⑥，而2015年实际捐赠的数量仅为654.5亿元⑦，仅占GDP的0.1%。美国每年募集到款物的价值占GDP的比重为2.17%，英国为0.88%，加拿大为

① 利昂·E·艾里什、靳东升、卡拉·西蒙：《中国非营利组织适用税法研究》，世界银行委托报告2004年12月，第7页；胡建锋："基于中原经济区建设的非营利组织发展路径选择"，《经济研究导刊》2014年第5期；杨家宁："社会企业研究述评—基于概念的分类"，《广东行政学院学报》2009年第3期；谭菲、杜海东："城市养老社区的自主性治理研究"，《科技视界》2015年第35期；张宇："浅析我国非营利组织的发展困境及对策"，《福建商业高等专科学校学报》2013年第3期；何海蓉："非营利组织的财务现状及其可持续发展研究"，《企业家天地（下月刊）》2011年12月。

② 王名、刘国翰、何建宇：《中国社团改革》，社会科学文献出版社2001年版，第107-108页。

③ 葛红岩、方露月："上海非营利组织的调查及发展对策"，《中国经贸导刊》2012年第17期。

④ 国家统计局2009年以及2012年统计数据。

⑤ 刘京：《2008中国慈善捐赠发展蓝皮书》，中国社会出版社2009年版，第15页。

⑥ 2015年我国国内生产总值为68.91万亿元。

⑦ 中国社会组织网，"民政部发布2013年社会服务发展统计公报" http://www.chinanpo.gov.cn/2202/80757/yjzlkindex.html。

0.77%。与西方发达国家相比，相差甚远[①]。在捐赠对象选择上，社会公众更愿意选择向纯民间慈善机构捐赠。潇湘晨报联合大湘网调查显示，遇到灾难发生，60.19%受访者只愿意通过纯民间慈善机构捐款捐物，仅11.20%受访者愿意与官方背景的慈善机构合作[②]，而我国能够获得税收政策所支持的非营利组织大多为具有“官方”身份。捐赠不足的情况下，我国非营利组织就免不了向政府寻求经费等方面的支持，大量经费来源于政府，则无法保持组织完全独立于政府，是政社不分的原因之一。经费不足无法聘请到具有创新能力的人才，制约组织的能力发挥，因为组织能力的根本在于人才。上述分析表明，法制的缺陷在一定程度上导致捐赠信心不足，捐赠不足为经费不足的原因之一，经费不足又在一定程度上造成政社不分和组织能力不足。组织的能力不足就无法更好地提供公共物品，以弥补政府失灵。可见，加强非营利组织的法制建设，尤其要构建税收法规在诱导捐赠和规范非营利组织方面的作用，以发挥我国非营利组织在促进公益方面的作用。而现行所得税法对非营利组织以主管部门“官方身份”认定的分类标准，来取得相应的法人资格，使得同是从事公益不以营利为目的的组织，因没有主管部门认定，却不能享受相同的税收政策。因而，按照一定标准对非营利组织在税法中加以分类，使所有从事公益的组织享有相同的税收政策，以实现公平，就显得尤其重要。

① 林广华：“借鉴英美等国经验促进我国慈善事业发展”，《中国发展观察》，2007年第10期。

② 人民网，“调查称仅1成受访者愿通过官方慈善机构捐款物”http：//hb.people.com.cn/n/2013/0503/c194063－18582019.html，2012年5月3日。

2.2.2 我国非营利组织分类

关于非营利组织的分类，正如组织的公益性一样，是一个比较含糊且难以统一的问题。在非营利组织分类的问题上，不同的分类标准产生不同的分类体系。大体而言，学界和实务界有按照组织形式、活动领域、组织的性质、受益人特质、产业等分类标准，各种分类标准所形成的分类体系之间相互涵盖和交叉。无论从法律的角度还是管理的需要，完全有必要按照一个科学合理的分类标准对非营利组织加以分类。鉴于本书探讨的核心为非营利组织的税收政策，本节主要从税法的角度来探讨非营利组织的分类问题。我国所得税法以组织形式为分类，实际上是使用民法中所包含的范围，民法双重管理体制下的登记制度，将其他税种中性质相同的非营利组织排除在外。组织形式的分类标准显然不适合我国非营利组织的税收管理，为了从整体上把握非营利组织的概貌，以某一种统一口径进行划分显然是必然的[①]，因而本节在借鉴其他国家税法对非营利组织的分类基础上并结合非营利组织的特点，对我国的非营利组织做出比较合理和适合税法的分类。

1. 美国税法对非营利组织的分类

在美国，国内税务局（IRS）将企业和政府之外的组织统称为非营利组织，非营利组织若能够符合税法 501（a）款的免征联邦所得税的规定，也称为免税组织。这些组织主要包括 527 组织（政治组织）、501（c）款系列组织、501（e）（医疗合作服务组织）、501（f）（教育运作合作组织）、501（k）（儿童关怀组织）、501（n）（慈善风险合作组织）、501（q）（信用咨询组织）。其中税法 501（c）款系列组织包括 501（c）（3）（慈善组

① 吴刚：《非营利组织概论》，北京出版社 2008 年版，第 47 页。

织）以及501（c）（4）（社会福利组织）、501（c）（5）（农艺和劳工组织）、501（c）（6）（同业组织）、501（c）（7）（休闲俱乐部）、501（c）（8）（兄弟会）、501（c）（9）（雇员协会）501（c）（10）（兄弟学会）、501（c）（12）（共同合作的电话公司）、501（c）（13）（陵园公司）等等组织。501（c）（3）慈善组织包括公共慈善组织（public charity）、私人基金会（private foundation）以及教会和宗教组织①。

美国税法对于非营利组织是采取何种标准分类呢？通过各类组织的税法规定以及比较，美国税法对非营利组织的分类在非营利特征的前提下，根据组织所获资源的来源范围和提供公益的能力及涉及受益范围进行的分类，即我国学者所提出的公益性和互益性为基本分类标准②。据此分类，美国税法将上述的免税组织分为两大类，即公益性的组织，主要包括501（c）（3）、510（e）、501（f）、501（n）、501（k）、501（q），比如501（c）（3）组织因为它的受益对象为不特定的受益人；而其他除了501（c）（3）组织之外的501（c）系列组织受益方主要为组织的会员或者特定范围的内群体，故为互益类组织。税法对公益性和互益性的组织免税的程度也不一样，税法规定公共慈善组织不但组织自身享受联邦所得税的免征，同时对于捐赠人也实行所得税上的免税政策。对于互益性的组织（如501（c）除了501（c）（3）之外的组织）税法规定组织本身可以享受联邦所得税的免征，但是对于其捐赠人则采取限定性的免征或者是不予减免的税

① IRS，Tax Exempt Status for Your Organization，IRS Publication 557，Rev February 2015.

② 王名、贾西津：“中国非营利组织：定义、发展与政策建议”和范丽珠：《全球化下的社会变迁与非政府组织（NGO）》，上海人民出版社2003年版，262－283页。

收政策。美国税法对于占有较大比重的501（c）（3）慈善组织根据其资金的来源，又分为私人基金会或公共慈善组织。这种分类是非常重要的，私人基金会和公共慈善组织的最主要的区别是它们获得支持资金的渠道不同。私人基金会是由个人、家庭或公司所掌控，收入的大部分来源于少数人的捐赠和投资。如比尔·盖茨基金会，由于它们由少数的集团所掌控，私人基金会就容易被误用和滥用，这也是税法为何对其进行严格监管的原因。大多数的基金会将资金提供给其他的非营利组织，或者自己运营非营利组织的被称为运营基金会。多数的501（c）（3）组织是公共慈善组织，同私人基金会相比它们有更加广泛的资金来源渠道并与公众互动较多。教堂、学校、医院和医疗研究机构自动获得公共慈善的资格，而其他501（c）（3）组织必须证明是公共所支持的，必须证明它们所获的收入至少1/3来源于捐赠、会费或与免税目的相关的收入，并通过税务部门的收入测试。

2. 日本税法对非营利组织的分类

日本的非营利组织按照法律形式分为以下几种。（1）公益法人，包括社团法人和财团法人；（2）其他公益法人，包括社会福利法人、学校法人、宗教法人、医疗法人、更生保护法人；（3）中间法人，包括农业合作社、工会、事业合作社以及森林合作社①。这些分类是以公益法人为中心所展开，公益法人是以举办公益事业为宗旨的非营利性、非权利性法人。非营利组织获得公益法人的资格要同时满足举办公益相关事业、不以营利为目的以及主管机关认可的条件。作为中间法人，它是为实现特定人

① 丁美东：《非营利组织及其价格机制研究》，中国财政经济出版社2004年版，第46页。

群的利益，不以营利为目的的法人[①]。日本税法规定，依法登记成为公益法人的非营利组织，可以享受免税待遇[②]。采取何种税收政策也取决于非营利组织的公益程度。

3．匈牙利税法对非营利组织的分类

按照匈牙利相关法律，非营利组织可以登记为民间组织、财团、公法财团、行业工会等组织形式。这些组织形式在登记的过程中，可以申请成为公益组织。这些组织要成为公益组织，要满足以下条件：即满足公益组织法所要求的活动范围、不妨碍公益目的前提下可以从事仅为实现公益目的的商业活动，组织所获得的利润用于章程的活动并不能分配，公益组织不能直接参与政治活动。成为公益组织可以获得税法上的法人税免征、商业活动法人税以及关税免征[③]。可见，匈牙利的非营利组织在取得相关法律的相关组织形式后，可以根据公益的情况，获得不同的税收政策。

在这些情况下，税法采取提供优惠给公益组织与获取公益地位是可以相提并论，如果这一地位不能为组织获得税收优惠则组织也许没有热情去获得这一地位。克罗地亚、波兰、爱沙尼亚、德国以及荷兰税法列举了公益活动并定义了社团组织追求公益活动享受的税收优惠。公益地位也成为各国税法对非营利组织进行分类和采取何种税收政策的一个标准，自然也就通过税法来规范公益问题。“这一分类标准在国际上常常被作为对非营利组织最基本的分类标准，最主要原因是与税收优惠的条件紧密相关[④]”。

① 吴刚：《非营利组织概论》，北京出版社 2008 年版，第 50 页。

② 邵金荣：《非营利组织与免税》，社会科学文献出版社 2003 年版，第 165 页。

③ Robert N. Thomas，“The Hungarian Environment for Endowments and Financial Sustainability”，The Interantional Journal of Not – for – Profit Law online library Hungary 2006.

④ 冷明权、张智勇：《经济社团的理论与案例》，社会科学文献出版社 2004 年版，第 23 页。

4. 我国非营利组织税法分类体系的构建

从促进我国非营利组织发展的角度看，各国税法对非营利组织的分类值得我国借鉴。按照各国税法公益性和互益性的分类特点，并考虑非营利组织的资金来源的范围，可将我国现阶段的非营利组织分为公益性组织、互益性组织、实体性社会服务机构以及政治性组织。《慈善法》中所规定的慈善组织和慈善信托等非营利组织因以公益活动为其活动范围，因而将其归为公益性组织类。

分类时要考虑我国的事业单位，是指国家机关举办或者其他组织利用国有资产为了社会公益目的举办，从事科技、教育、卫生、文化等活动的社会服务组织①。我国学者在讨论事业单位是否应该属于非营利组织时有不同的观点，但是基本上达成的一致观点是，在明确定位企业、政府、公共服务机构的基础上，将事业单位进行比较明确的分类，具有政府职能的事业单位应该明确地转化为政府部门；公益性较弱的并且营利性较强的事业单位应该明确地转化为企业；公益性较强的事业单位，应该逐步脱离国家体系向非营利组织转型②，这种观点也与我国当前进行的事业单位改革的主体思路相符，即将我国事业单位分类为公益性、准公益性和营利性三类组织。

除了上述分类之外，我国还存在着大量的因政治原因形成的人民团体，以及无法找到主管单位而未登记和转登记的组织，对于人民团体可以仿照美国政治组织的税收管理模式来进行管理。

① 国务院2004年6月27日《事业单位登记管理暂行条例》第二条。

② 这是当下学界比较认同的观点，如黄又生（2006）、焦凤君（2011）、卓越（2011）。黄又生："事业单位改革‘加’‘减’法辨析"。郑古：《世界重大学术成果精选——华人卷II》（珍藏版），世界文献出版社2006年版，第400页。焦凤君：《法治政府建设研究》，合肥工业大学出版社2011年版，第412页。卓越：《政府成本控制研究》，中国社会科学出版社2011年版，第60－61页。

未登记和转登记的团体可以根据组织所体现的公益性、非营利性的特征将其归为公益类或互益类非营利组织中。至此，根据上述的分析，我国非营利组织可按照如图 2－1 分类[①]。

- 非营利组织
  - 人民团体
  - 事业单位
  - 互益组织
    - 经济性团体（行业协会、商会）
    - 社会性团体（学会、同学会等）
  - 公益性组织（慈善组织）
    - 基金会
      - 运作性基金会
      - 资助型基金会
    - 实体型社会服务机构（民办非企业单位）
      - 非营利学校（大学、中学、小学）
      - 医院
      - 其他社会福利机构
      - 文化场所，研究机构
      - 宗教类
  - 未登记或转登记团体

图 2－1　我国非营利组织分类

上述的分类体系突出了四方面的特点。

其一，以非营利组织公益性和互益性特征作为分类的基准。公益和互益的区分主要在于受益方是某一特定群体还是社会大多数人或不特定人，这种分类相对比较便于税法的制定。至于互益性组织，它主要存在于社会生活的经济和社会领域两个方面。经济领域内的互益性非营利组织主要是指商业协会、工会、行业协会等等，这类组织所具有的重要特点是这些组织的活动与营利性组织的活动相联系，为区别于通常所称的社团，在这里称之为经济性团体。另一类活跃于社会领域的互益型组织就是通常所称的

① 该图表借鉴自：王名、贾西津："中国非营利组织定义、发展与政策建议"和范丽珠：《全球化的社会变迁与非政府组织（NGO）》，上海人民出版社 2003 年版，第 266 页。

社会团体，这里称为社会性团体。另外要将公益类的非营利组织进行进一步的分类，因为现实中有一部分完全具有公益性而不从事任何营利活动的非营利组织，这类组织在美国税法中被称为公共慈善组织，我国在《慈善法》中规定的慈善组织和慈善信托与美国税法中的公共慈善相类似，《慈善法》中要求赋予优惠的税收政策，但迄今为止税法中尚未规定。

其二，基金会单独列出。基金会由于其资源主要源于个人或企业，组织更容易被操纵和税收政策上的滥用，丧失组织的独立性。在税法实践中大多将基金会单独进行管理，并按照资金运营方式的不同分为自行运营资金的“运作型基金会”和专门用于资助的“资助型基金会”。资助型基金会由于将其所获资源用于资助其他公益组织，所以必须在税法上严格审核所资助组织的公益性情况，据此赋予资助型基金会以相应的税法地位。运作性基金会要根据其运作受益的范围、公益程度等方面赋予公益或互益地位，以体现税法的公平。

其三，将某些专业性强的非营利组织单独规定。学校、医院以及宗教组织在完成组织目标上的专业性和特殊性，在各国的税法中均被单独列出。如美国税法对医院、学校及宗教组织自动认定为501（c）（3）组织，但监管要对这类组织实行有别于其他501（c）（3）组织的审计。

其四，转登记和未登记组织按照性质加以归类。解决“双重管理”的模式后，对大量无法找到业务主管部门的非营利组织，无法到民政部门登记取得法人地位的组织加以归类，它们也可以按照组织的性质归入到上述公益组织或互益以享受税法公平。

至于各个国家以及本书提出以公益性质作为我国税法上对非营利组织的分类原因，将在随后的理论分析中给出缘由。

第3章

非营利组织税收政策选择的理论与实践

税收法定主义原则要求非营利组织税收政策在主体资格有效性的前提下，确定非营利组织在何种情况下免税，在何种情况下征税，寻求非营利组织和营利组织之间税收政策的合理边界。理论的分析表明，非营利组织的公益性使其能够享受与营利组织不同的税收政策，是免税的根本原因。也正是公益性，非营利组织从事营利性收入继续用于公益则享受免税政策。若不继续用于公益，则不能享受免税政策同营利组织一样纳税。因而，非营利组织的所有收入最终是否继续用于公益，成为非营利组织税收政策的选择关键。本章就是要从理论上来论证非营利组织的公益特征成为非营利组织税收政策选择的关键，并通过英美税法比较，以实践验证理论分析，为我国非营利组织的税收政策选择提供理论依据和实践经验。

3.1 非营利组织税收政策选择的理论分析

国家征税与否，既要考虑经济上的可能与可行，又要考虑法律上的合理与合法。合理与合法既能增强税法的遵从度，又能提升税法的权威性。非营利组织收入只是为非营利组织纳税提供了可能，而是否可行，取决于是否有纳税能力。因为在量能课税原则的指导下，向有能力的人征税，才符合公平原则，也使税法具有合理性。而税法的合法性所要解决的是由谁制定即首先要确定制定税法主体资格的有效，主体资格有效才能为所制定税法的有效性提供保证，进而才能确立税法的合法性。合法性的要求要解决的另一个问题是合乎什么样的法才能视为合法，这也是判定主体资格所构建的税法体系的标准。那么，非营利组织纳税能力如何，非营利组织免税和纳税的合法性和合理性在哪里，或者其原因是什么？本节要从理论上解决上述的问题，为构建非营利组织税收政策提供理论依据。

3.1.1 非营利组织税收政策选择的法理学分析

税法主客体问题可以说是确定整个税法体系的基础。没有制定税法的主体，没有课税对象或标的，自然也就没有随之而来的征税问题，更不会有税务纠纷及税务诉讼①。将这两个问题推及至非营利组织的税收政策，首先要回答的是谁有权力来制定非营利组织的税收政策，然后才能讨论非营利组织的行为、财产、收

① 陈少英：《税法基本理论专题研究》，北京大学出版社2009年版，第194页。

入等能否成为课税对象。如果满足课税对象的条件，是否就一定作为征税对象等问题。

首先，明确国家税收政策制定主体的权力问题，进而得出非营利组织的税收立法权。在研究非营利组织税收政策选择之前，首先需要明确的问题之一就是谁拥有制定税法的权力，以决定税由谁来征管并获取收益。从税法原理上来看，征税权作为国家主权的体现，是国家管辖权的重要组成部分。其终极的权力应归属于国家，即只有国家才有权力决定向谁征税或免税。因而，理论上讲国家税收立法权通常由立法机关或最高权力机关享有。但是，任何权力机关行使国家权力时都要必然存在合法性和合理性的问题。人民主权学说的提出，使得合法性源泉的寻求没有了其他的答案，即只能来自于人民[①]。人民主权理论强调国家权力源于人民，人民为了限制国家权力机关及其委托人政府滥用权力，通过宪政运动形成宪法来约束国家或政府的权力。无论是“瓦格纳定律”（wangner's rule），还是布坎南的“财政幻觉”理论，理论的核心是政府有无限扩大税权，追求政府利益最大化的内在动力。这是基于政府“利维坦”假设和政府无限追求税收收入最大化理论假设[②]所做出的判断。因而在征税权问题上，就要通过税收的法定主义原则来实现对政府无限扩大税权的控制，因为“从实质上讲，税收法定主义作为宪法原则是现代民主政治在税法领域的体现[③]”，它已经成为“支配税法全部内容的基本原

① 刘剑文等：《财税法丛论》（第九卷），法律出版社 2007 年版，第 47 页。

② 王鸿貌：《税法学的立场和理论》，中国税务出版社 2008 年版，第 131 页。

③ 陈少英：《税法学教程》，北京大学出版社 2011 年版，第 48 页。

则[①]”。税收法定主义原则的实质是税收法律保留[②]，要求税法必须是国家最高权力机关来创制税法，避免国家行政机关和司法机关来染指立法。国家最高权力机关的权力由人民合意所产生的宪法所约束，可以通过违宪审查的权力来约束立法权的滥用。

权力约束和控制成为税收立法的核心要求，税收法定主义因而在内涵上要求税收要件法定、税收要件必须明确以及程序法定原则[③]。税收要件法定原则要求税收的征纳主体、纳税的时间和地点、税收的优惠、税务争讼和法律责任等，只能由立法机关所规定。税收要素确定原则要求税收要素、征税程序方面必须由法律明确规定，避免因过分的原则和含混给行政机关有更多的解释税法的权力。

按照税收法定主义原则的要求，我国非营利组织的税法主要表现为过度授权行政机构立法。税法内容明确性不够，且法规之间协调性差，不利于执行和理解，加大了行政机关的自由裁量权。因而税收的法定主义原则对于非营利组织税收政策的意义在于，其一，确定了由谁立法的问题，它要求有关税法的确立强调以国家权力机关的立法为主，减少授权国家行政机关立法。这一结论有力地解释了为什么要提高我国非营利组织税收立法层级的问题。其二，税收法定主义所强调的课税要件的明确原则，从理论上解释了后续论述中我国非营利组织税收制度众多原则性规定所造成不良后果，并应在税法中予以明确。其三，税收法定主义原则要求行政机关只能依照税法严格执法，禁止私自立法和对税法进行扩大或缩限性地解释。行政机关扩大和缩限解释适用非营

① 【日】金子宏：《日本税法原理》，刘多田等译，中国财政经济出版社 1989 年版，第 47 页。

② 王鸿貌：《税法学的立场与理论》，中国税务出版社 2008 年版，第 214 页。

③ 刘剑文：《财税法专题研究》，北京大学出版社 2007 年版，189－193 页。

利组织的相关税法解释的无效性，保障了非营利组织及其捐赠人的权益。

其次，明确课税客体。即解决课税对象，也就是向谁课征的问题。课税对象的选择要依照公平原则。简单来说，公平原则从实质上要求能力相同的人负担相同的税负，能力不同的负担不同的税负。纳税人的能力是按照量能课税原则来进行判断，即税收负担必须根据负担能力来分配，能力强者应多纳税，能力弱者可以少纳税，无能力者则不纳税。

现代税法学理论认为，在确定征税范围时，有三个最基本的因素，收益性、公益性和营利性[①]。三个基本因素中收益性给出了判断纳税人纳税能力的标准。亚当·斯密将收益定义为“那部分不侵蚀资本的可予消费的数额”[②]，可见收益是资产的增值部分。后来美国经济学家欧文·费雪发展了经济收益理论，他认为收益有三种表现形态，即精神收益、货币收益和实际收益。精神收益的主观性导致计量的不可能，而货币收益和实际收益因可以计量成为经济学界研究的重点。会计学所强调的是产出价值和投入价值之差额。无论会计学家还是经济学家，他们所着重关注的是物质财富的绝对增加。也就是说，纳税人的财产或商品可以被纳入为课税对象，在于其在交换的过程中产生了增值。按照马克思再生产理论来解释，税收的课征要课征于 C + V + M 中的 M 部分，M 是指社会在一定时期内所创造的剩余产品或价值，也可以指商品价值的增值部分。这样才能避免伤及 C + V 的部分，那样就不会影响到扩大再生产。从各国的税法实践中可以看出，

① 张守文：《财税法疏议》，北京大学出版社 2005 年版，第 152 页。

② 亚当·斯密：《国富论》，郭大力，王亚南译，上海三联书店 2009 年版，第 311 页。

按照主体能够获得收益的来源不同，可以作为课税对象的为以下三类，即各类主体的收入扣除一定基本费用后的所得、劳务或商品的销售收入以及源于财产的收益，也因此构成税法中商品税、所得税和财产税三个税种。以商品、财产或所得的增量为课税对象，一方面体现了保障纳税主体最基本的生存权利或基本人权，因而税法都会规定起征点或法定扣除的费用；另一方面则体现纳税主体享有本体不受侵犯的权利，其征税的依据为财产所产生的收益而不是对产生收益财产的本身进行征税。正如台湾葛克昌教授所言："所得税……为财产之孳息，……收入额减除成本及必要费用后之余额始得征税。不论股利、盈余、利息交易之增益收益，均应为原物之天然与法定孳息，而不及于原物本身……在宪法上受到财产权保障，经由所有权归属所产生之所得，始为租税债权债务之对象，而负支付缴纳之义务①"。可见，无论是对商品、财产以及收入征税，其前提是产生收益或增值，否则从权利保障的角度，都不应该对其征税。

那么，非营利组织的收入是否满足收益概念，成为所得税、商品税和财产税的征税对象？

非营利组织的收入主要来源于民间捐赠、服务收费、会员费、政府补贴以及外国援助。按照资金来源，非营利组织所获得的任何一项收入都与上述所分析的所得不同，应该将这些收入视为赠与，并且非营利组织的上述收入不是以营利为目的。这些收入由于不用于从事经营活动，也就无法获得收益，因而从非营利组织的收入来源上不能构成所得税理论上所得的构成要件，当然不能成为所得税的纳税主体。这一分析与 Bittker 和 Rahdert 提出

① 葛克昌：《所得税与宪法》，北京大学出版社 2004 年版，第 10 页。

来的收入定义理论（Income Definition Theory）[1] 不谋而合。该理论认为非营利组织的收入并不应被课税，所得税是针对营利行为所产生的增值课征。从收入的角度，非营利组织的会费和捐赠等收入应视为赠与，在财务处理上不应计入组织的毛收入。从支出的角度，支出都是用于非营利活动，那么其支出都应视为成本或费用，或等同营利组织的捐赠而予以税前扣除。该理论既解释了公益性组织可以享受所得税优惠政策，也为互益型的非营利组织所得税优惠提供了合理的解释。进一步从财务核算角度得出组织没有出现收益，因为组织收入和费用相抵后的所得额为负或者为零，就不用缴纳所得税。

至于非营利组织所购买或使用的商品，因其并不是为了经营活动所购买和使用，它所购买的商品是为了自己使用或用于公益。非营利组织所购买或使用的财产，也只是为了实现公益活动的场所，并非是为营利性活动所提供的场所。理论上非营利组织的商品和财产并未产生收益，因而也不应该成为税收课征的对象。但是，非营利组织所购买的商品或使用的财产是用于营利活动还是非营利活动，是否产生收益，只有通过最终使用的目标才能判断，这也为全过程对非营利组织进行税收监管，以判定收入、商品和财产是否最终产生收益提供理论上的依据。

当然，非营利组织只要从事营利性活动并获得收益，那么从理论上讲就满足成为所得税、商品税和财产税的课税对象的条件，应当被确认为课税对象。但各国税法实践对此实行区别对待。英国、波兰税法规定，若非营利组织从营利行为中所得或收益用于其宗旨所规定的慈善目的，非营利组织的营利收入可以全

---

① H Hansmann, " The nonprofit sector: A research handbook", 1987 - ppge. ufrgs. br, pag. 33

部免税。非营利组织一切商业活动的收入都应当依法纳税，如非律宾。美国仅对非营利组织从事与宗旨相关的营利性活动收入免于课税。日本对非营利组织参与营利活动的收入有权享有低于企业所得税税率的优惠①。从量能负担原则角度考虑并结合各国税法实践，本书认为非营利组织如果没有营利性的行为，其收入就不能成为的课税对象，享受免税政策。如果有营利行为并存在收益，其当然成为纳税主体，考虑到收益是否用于非营利组织宗旨活动，可以享受税收的免征或课征。以上从收益角度，解释了非营利组织所获收入经济上的不可能以及征收的不可行。但是却不能解释各国税法对于非营利组织营利所获收益继续用于组织宗旨活动的所得免税、捐赠人的捐赠（包括企业和个人）免税等问题。可见，各国在选择非营利组织税收政策时，不是仅仅考虑非营利组织经济上的负担能力，还要从非营利组织政治社会因素来考虑采取何种税收政策。

3.1.2 非营利组织税收政策选择的政治学分析

社会学认为，非营利组织免税的原因在于组织的公益性。非营利组织存在的根本原因是捐赠人、政府与非营利组织为实现提供公共物品或公益所签订的契约，税法选择给予非营利组织税收优惠政策也正是基于非营利组织能够按照其契约承诺并按约定提供公益。正是基于非营利组织的公益性，国家出于支持公益的角度上，在税法上赋予捐赠人的公益捐赠、非营利组织用于公益的营利性收入予以一定的税收优惠政策。那么，为什么非营利组织的公益目标，使得非营利组织及其相关参与方获得不同的税收政

① 占苏："非营利组织营利收入及其税收优惠可行性探讨"，《价格月刊》，2010 年第 11 期。

策呢？

1. 前人的理论对非营利组织税收政策的分析

其一，传统的辅助理论（Subsidy Theories）①。该理论认为公共利益的原因使非营利组织得以享受税收优惠政策。非营利组织所从事的活动令公众受益、减轻政府负担。它除了提供公共物品外，还能提供差异化的服务或商品给特殊需要或需要帮助的弱势群体。非营利组织因向社会提供本应由政府提供的公共物品，那么赋予税收优惠政策就有正当理由。税收优惠政策被视为政府对非营利组织的间接补贴，且非营利组织受"禁止分配利润"的限制，不能分配财产和盈余给"投资人或发起人"，赋予非营利组织税收优惠将使不确定社会公众受益。

其二，规制理论解释我国非营利组织税收问题②。该理论引入规制经济学以及公共经济学等相关理论，研究非营利组织的税法规制问题。该理论认为，税法规制既要加强对第三部门某些消极方面限制和禁止，又要对其积极方面予以鼓励和促进，以发挥非营利组织提供公共物品和促进公益方面的作用。税法规则的侧重点与规制的出发点直接相关，源于第三部门本身的特点。国家对第三部门免税，与第三部门的非营利性和公益性直接相关。

其三，可税性理论对非营利组织税收政策的论述③。该理论认为虽然获得收益是征税的前提，但将其运用于实践时，并非唯一条件，还要考虑到公共利益，即主体及其行为是否具有公益性。通常，如果主体的行为具有突出的公益性，是为社会大众提

① H Hansmann, The nonprofit sector: A research handbook, 1987 - ppge. ufrgs. br, pag. 33。

② 张守文："略论对第三部门的税法规制"，《法学评论》2000 年第 3 期。

③ 陈少英：《税法基本理论专题研究》，北京大学出版社 2009 年版，第 194 - 201 页。

供公共物品，即使获有利益，也不能作为课税的对象。公益性的标准是从政治和社会角度考虑。作为税收基础的收益，有基于公益性行为获得的收益，也有基于营利性行为获得的收益。前者为公益性收益，后者为私益性收益。一般来说，公益性收益包括两方面，一为国家机关的公益性收益，二为非营利组织的公益性收益。对国家机关之所以不能征税，是税法中的“征税者不对自己征税”原则的体现。对这些收益征税，则是对自己征税，违背对征税主体不能同时是纳税主体的原则，也是对行政资源的浪费。对第三部门收益中的公益性收益不课税，一方面是国家对公共事业的鼓励，另一方面也是由于第三部门的职能主要是弥补国家功能的有限性，向公众提供公共产品，其职能具有准公共性的特点，故此，对第三部门的公共性收益征税，和对国家机关的公益性收益课税一样，是对行政资源的浪费。可见，国家从行政效率和支持公益的角度考虑，豁免公益性收益的税收。需要指出的是，对营利性行为和非营利性行为的区分，不是以经济主体在运作过程中是否获得营利为标准，而是以主体的活动目的为标准。以营利为目的的为营利性行为，以从事公益事业或追求成员共同利益的为非营利性行为。虽然公益性主体的行为一般是公益性行为，但不能排除公益性主体亦从事营利性行为，该种行为所获得的收益符合税法“收益性”标准，构成课税要件，应予以课税。

各种理论从不同的角度论述了为什么要给予非营利组织不同于营利组织税收政策提供了理论上的分析，在论述税收优惠政策选择的原因突出了非营利组织某方面的特点。如传统的辅助理论认为非营利组织公益性特征而享受税收优惠。规制理论认为非营利组织税收政策因支持公益而应该免税，对其他营利性活动应予以规制。可税性理论从公益性收益不能成为征税对象的角度来论述对非营利组织税收优惠政策的原因，同时强调了不能以主体运作过程中的营利为标准来确定课税对象，而应该以主体的活动目的为标准来确定课税对象，这一条标准为非营利组织的公益性营利活动免税以及企业捐赠免税提供了理论依据。可见，中外理论对非营利组织、捐赠人捐赠的资源采取何种税收政策，取决于主体的营利性目标是否具有公益性，以及非营利组织本身及其营利性活动是否将所获资源用于公益。那么，缘何公益性不能成为税法的课征对象，除了公益性收入或用于公益的资源不能成为征税客体浪费行政资源的原因外，公益性不予以课税应该还有更深层次的原因。下面将从国家税权的起源，运用契约理论、国家理论来进一步分析非营利组织特别税收政策的税权来源，以从理论上进一步证成公益性为非营利组织及捐赠人获得特别税收政策的根本原因，为非营利组织税收政策选择提供理论依据。

2. 社会契约理论对非营利组织税收政策的分析

纳税人为什么要纳税，国家凭借什么征税，关于税的正当性问题一直为学界所讨论，而这一问题一直与国家的本质有着密切的关系①。熊彼特认为：国家的起源与税有关；国家的灭亡或结束也应该与税有关；国家的自治也与税有关。这不仅是因为支持国家正常运转的官僚体系就是随着税收体制的建立而建立起来的，而且更重要的是，国家必须存在于保障个人利益有效运作②。从国家和税的起源及特征来论证国家对非营利组织采取不同的税收政策，无疑是从根本上来考察对非营利组织采取差别税收政策决定性原因。

① 【日】金子宏：《日本税法》，战宪斌、郑林根等译，法律出版社 2004 年版，第 15 页。

② 从中笑，“税收国家及其法治构造”，《法学家》2009 年第 5 期。

在古典自然法关于国家起源的学说中，社会契约论者[1]认为税权的正当性来源于人民与国家间所签订让渡的财产权利，人民一部分权利的让渡构成了国家权力的逻辑起点。人民让渡权利的根本原因是在于消除自然状态下的不确定性，使自己的权利的实现得到保障；国家取得征税权，是基于国家承诺将税收用于公共福利和权利保障的社会契约约定。国民让渡的权利所要求的公共需求是国民意志的反映，为保障这一目的实现，国民应该享有监督税收支出的权力。可见，人民纳税和国家征税的逻辑关系是人民先同意纳税并进行授权，然后国家才能征税；国家征税的权力是以人民的同意为前提。

目前，税收与纳税人之间做出较为合理解释的是新利益说，也称为价格说或交换说[2]。该学说认为税收是人们享受国家提供的公共产品而支付的价格，税收是公共产品的“价格”。价格说无疑是契约理论的延伸，价格成因于买卖双方合意价值。税收就是纳税人和政府在提供公共产品问题上合意所订立的契约，形成支付的代价，而人民之所以纳税无非是为了换取国家提供的公共服务或公共产品。从非营利组织的资金性质上看，非营利组织的资金主要来源于政府补贴、捐赠人捐赠。政府补贴的资金大部分是税收收入，捐赠人的自愿捐赠资源主要的目的是委托非营利组织提供公共物品或是用于公益目的，其性质无疑与税收所要达到的最终目的本质相同。来源于不同方面的资金如果从其所意愿使用的最终目的来看，都与税收的征收与使用目的相同，是人民为了获得公共产品或服务形成的交换价格。

---

① 钱俊文：《国家征税权的合宪性控制》，法律出版社 2007 年版，第 86 页 -87 页。

② 刘剑文：《财税法专题研究》，北京大学出版社 2007 年版，第 499 页。

国家税收的用途在于保障人民利益，即人民为了换取公共物品或劳务的价格。人们订立契约同意纳税的前提，是国家首先承诺将人民所纳之税用于提供公共物品或劳务。如果国家违背契约承诺，没有将税收用于满足公共需要上，人民当然也就没有纳税义务。按照契约论的逻辑，对非营利组织的采取何种税收政策的权力无疑是来自于人民同意或授权，而人民同意或授权对非营利组织采取优惠或征收的税收政策前提是非营利组织是否将所获得的资源用于公共需要或公共利益。如果非营利组织违背契约的承诺，没有将所获资源用于满足公共需要而从事营利活动，人民当然也就不会同意对其实施税收优惠政策。捐赠人向非营利组织捐赠也正是因为组织将资源用于公益，捐赠人也因公益性的捐赠目的而获得税收的优惠政策。否则捐赠人向营利性组织捐赠为赠与，为获得利益回报的资源付出为投资，这种为营利目的的赠与与投资目标的营利性都不能称其为捐赠，也当然不会获得税收优惠政策。从上述的逻辑关系可以看出，非营利组织的税收政策无疑是非营利组织与国家、人民之间所签订的公益契约，即非营利组织按照组织章程规定将所获得的捐赠等资源用于公共利益或公共需求。否则，非营利组织也不能称其为非营利组织，其所享有的税收政策也应该与营利组织无疑。因而非营利组织资源最终用于公益与否将是所适用税收政策的关键，也是区别于其他类型组织最核心的特征。同时，也是政府转移支付给非营利组织，捐赠人放弃资源捐赠给非营利组织的前提。

3．国家理论对非营利组织税收政策的分析

近代西方存在两种具有代表性的国家观，一种是以黑格尔为代表的奉行国家至上主义的国家观。这种观点认为国家是权力的源泉，社会与个人的权利源于国家。另一种是以洛克为代表的奉行社会契约论的国家观。这种观念认为统治者的权力源于被统治者的同意，建立国家的唯一目的是保障社会安全和个人的自然权力，社会及个人的权力高于国家权力①，它是基于社会与国家之间关系全面分析，提出了由个人主义本位和自由主义来制约和控制国家和政府权力的无限扩张，以此来寻求个人、群体以及社会的利益与政治秩序间的相互协调，其核心内容是“市民社会决定国家，市民社会对国家享有最高裁判权”②。无论是黑格尔的国家至上主义还是洛克的社会至上主义，两者的国家理念以国家与社会二元对立为基础。一方强调以宪法所保障的基本权利来抵御国家公权力对私人领域的过渡干预，即国家法律体系的首要任务在于限制国家的权力，保障公民的基本权利。另一方认为国家在人类发展中起到必不可少的作用，要求牺牲个人幸福自由以服从国家利益③。经济基础决定上层建筑，两种国家观受西方经济发展的影响并不断地发生着演变，社会至上的国家理论和亚当·斯密的自由市场经济理论相依存，国家至上的国家理论与凯恩斯的政府干预的经济理论相符。两种国家观和两种经济理论在实践检验中的失利，使得理论界开始反思两种国家观。两种国家观应该考虑“在多元社会主体的培育中，寻求国家和社会的动态平衡。以实现政府、市场和社会组织三者间的动态平衡，不可偏废④”，寻求政府、社会组织及市场之间合理的边界，使得三者之间即互相制约，又互相补充，各自发挥优势。非营利组织就是在国家理论的不断更迭的过程得以发展和受限，并享有不同的税收政策。

---

① 刘军：“马克思主义国家理论视域中的社会管理模式创新”，《高校理论战线》2013 年 2 期。

② 白彦峰：《税权配置论：中国税权纵向划分问题研究》，中国财政经济出版社 2006 年版，第 90 页。

③ 徐育苗：《当代西方政治思潮评析》，武汉出版社 1992 年版，第 229 页。

④ 刘军：“马克思主义国家理论视域中的社会管理模式创新”，《高校理论战线》2013 年 2 期。

社会至上的国家理论影响下，政府干预经济和社会领域受到限制，非营利组织获得了迅速发展。世界上第一个慈善组织协会于 1869 年在伦敦成立，第一个社区服务中心于 1884 年创设，以城市贫民为对象开展的社区服务持续到二十世纪二三十年代①。受社会至上国家理论影响，国家的赋税观把政府视为一个公共经济部门，政府征税的正当性在于市场失灵，即由于“市场失灵”，公共产品只能由政府来提供，而税收即为供应最基本的公共产品之必需②。市场失灵促进了国家干预的经济理论形成，凯恩斯国家干预政策使得国家吞噬社会，后果是政府失灵和市场失灵同时出现，经济学界力图通过限制政府的无限扩张，社会学界寻求支持非营利组织的发展以弥补政府和市场的失灵，由此形成的国家理论的核心就是通过促进社会每个人的发展，以达到国家整体福利的提高。

根据国家理论，国家应当运用各种手段调整社会各阶层的关系，确保社会成员能够有平等的机会，保护和扶持经济上的弱者，以使社会秩序正常运行，实现社会公正。因此，国家一方面通过财富的重新分配而构建社会正义，还可以运用税法加重税负、减税以及免税的手段予以调节。即在考虑经济、社会、国民健康、文化、政策等公益层面的基础上，对社会所期望的行为给予税收的减免，而对于社会所不期望的行为课以附加的负担，给予限制③。非营利组织公益性的特征决定了非营利组织所从事的活动为社会和国家所期待的行为，在某种情况下代替国家提供公共物品，并且它向社会所提供的服务也是以非营利为前提，弥补

① 于晶利：《社会工作概论》，山东人民出版社 2012 年版，第 29 – 30 页。

② 钱俊文：《国家征税权的合宪性控制》，法律出版社 2007 年版，第 93 页。

③ 徐孟州、侯作前：“论非营利组织的税法地位”，《江西财经大学学报》，2004 年第 3 期。

了政府所提供公共物品的单一性，应当予以税收的减免和优惠。因此，非营利组织在许多国家的税收政策中享有许多的减免的优惠政策。

契约理论为非营利组织的税收政策提供了一个以政府、非营利组织和捐赠人三方参与主体在平等的基础上达成契约——非营利组织税收政策分析框架，理清了非营利组织能够取得特别的税收政策是因为与政府和捐赠人达成了将所获得的资金用于公益而不是营利的契约。国家理论以公平和正义作为国家维护社会秩序运行的终极目标，非营利组织的公益宗旨恰恰符合这一目标，因而应予以税收政策上的支持。无论国家理论还是契约理论的分析，两者的角度虽然不同，但其焦点都是在于非营利组织的公益宗旨和提供公共物品。结合中外理论界的观点，进一步论证了非营利组织的公益性成为其税收政策选择的核心。

既然非营利组织的公益性为获得特别税收政策的原因，那么也就不难解释在英美税法实践中对于完全公益性组织更多的税收优惠，与组织公益目标相关的营利性活动赋予税收优惠政策，而对于与组织宗旨无关的营利性收入实施课税政策。捐赠人捐赠用于公益的资源也会享受减免税的税收政策。

3.2 非营利组织税收政策选择的税法实践

理论上将公益性认定为非营利组织享有特别税收的原因，反映在税法中必然要通过组织的公益性，来判断所赋予的税收政策合理与否。即以优惠为主导的非营利组织税收政策给予了捐赠人、非营利组织等与非营利组织交往相关方税收上的优惠，监管的重点是各个相关方能否按照公益宗旨的要求确保将所筹集的资金和资源完全、有效地用于公共利益或提供公共物品。公平是经济与法律的共同要求，但是比较而言，经济较侧重于效率，法律则更侧重于公平①。经济学角度审视非营利组织的税收政策，其合理和正当源于组织所获资源的使用效率。即经济学以考察非营利组织支配资源能否有效利用为主，有效性要求非营利组织将所获资金最大限度用于公共利益或提供公共物品，而不是用于其他领域。经济学上的有效性必然要通过税法公平得以实现，即经济的有效，要以法的形式来表现并以法的强制力加以约束。具体到非营利组织税收政策，就要从非营利组织的公益性入手，区分组织的公益性和互益性，明确组织与公益宗旨无关的商业活动和相关的商业活动，以实现实质课税原则。通过非营利组织的信息提供和公开披露等方式，判断非营利组织是否最终按照认定的宗旨从事活动，进而判断赋予非营利组织的税收政策合理与否。本节将结合英、美非营利组织税法实践，借鉴英、美两国是如何通过税法的规定来断定非营利组织是否持续地遵从公益宗旨，并赋予相应的税收政策。

3.2.1　非营利组织资格的确认

1. 英国税法对非营利组织资格申请的规定

公司或信托形式的非营利组织若要成为税收优惠目的（Tax Purpose）的慈善组织，就要向慈善监管机构（charity regulators）进行申请登记。英格兰和威尔士慈善组织的监管机构是英格兰和威尔士慈善委员会，苏格兰慈善组织的监管机构是苏格兰慈善监管办公室。北爱尔兰、英格兰和威尔士慈善委员会管辖范围以外的慈善团体，要向税务局申请慈善团体税务登记。年募捐额超

① 张松：《税法原理》，中国税务出版社 2008 年版，第 52 页。

过5000英镑的慈善组织，须依法向英格兰和威尔士慈善管理委员或苏格兰慈善监管办公室申请登记；对年募捐额少于5000英镑的慈善组织，向皇家税收和海关总署（HMRC）申请登记。登记时要填报申请书，申请应以书面的形式填写表格CHA1（如果是社区业余体育俱乐部（Community Amateur Sports Club（CSAS）要填报CASC（A1）表格）。该表格主要包括以下内容：组织的地址、名称、联系方式、详细介绍申请人情况的资料、组织成立的文件、组织的运营和资金使用情况，以及组织的其他信息。CHA1表格还可以用于慈善组织申请英联邦（UK）所得税返还，或者HMRC要求组织说明在UK内有资格申请慈善税收优惠和免征的资格。填写该表格的目的是要体现以下关键的设立要件，即：（1）组织的设立仅为慈善目的，要求组织的成立文件中必须限定组织的设立目的是完全满足英格兰和威尔士法律中的慈善定义并提供公共利益。对于组织"设立仅为慈善目的"必须在它的治理文件（governing document）中限定，所有的收入和资产用于声明中所提出的慈善目的，而不能用于其他目的。慈善组织已经通过英格兰和威尔士慈善委员会注册将自动满足该条件，英格兰和威尔士之外的组织要获得税收优惠也必须表明满足这一条件。（2）要满足司法管辖权条件。要求组织必须接受一个法院的管辖，以行使司法管辖权。（3）要满足管理条件。为确保组织所获的资金和税收优惠仅被用于慈善目的，必须在组织中将管理权力分配给"被授权官员"（The Authorized Official）和"负责人"，所有的授权官员和负责人都是组织的"经理人员"，必须是"合适和恰当的人选"①。

① HM Revenue & Customs, Guidance Chapter 2: Application for recognition as a charity for tax purposes, updated 22 July 2015.

2. 美国对组织申请免税资格的规定

如果组织要成为免征联邦所得税的组织，必须填报申报表格 1023 或表格 1024 等表格。申请成为 501（c）（3）、501（e）、501（f）、501（k）、501（n）及 501（q）类的组织要填报表格 1023，而申请成为除了 501（c）（3）外的其他 501（c）类型的组织要填报表格 1024。在填报申请表格之前，无论组织是否有雇员，组织要申请一个雇主识别号码［Employer identification number（EIN）］。由于 1023 表格填报的广泛与复杂和最具代表性，这里仅介绍 1023 表格。组织填报 1023 表格，必须提供有关组织的过去、现在及计划中的活动足够详细的资料给 IRS，便于 IRS 全面了解组织将要从事的活动是否符合慈善目标。为了确认组织是否从事了慈善目标的活动，在 1023 表格中要填报以下内容：（1）组织的财务数据。该数据，无论是计划或实际发生的，应该与申请中的信息相符。（2）组织过去的、现在的和计划的活动。表格 1023 的许多条款都是以当前的情况来填报。当然，组织的填报应该基于组织的过去、现在和计划的活动。（3）组织文件（organizing document）及章程。申请材料必须包括由组织的主要官员或由授权个人所签署的组织文件，以证实文件的完整和准确或满足要求。（4）组织活动的描述。申请材料必须包括组织所从事的一个完整的活动描述，并包括组织每一次筹资活动、预期所获捐赠的描述以及所涉及的费用①。

将英美两国非营利组织获得免税资质的申请材料相比较，两国税法要求提供相同的材料包括，组织的财务数据、组织的章程或文件、组织的运营和资金使用情况，这些材料能够全面地了解组织是否在以前或当前将资金用于慈善或者免税目的，既为税务

① Internal Revenue Service, Instructions for Form 1023, Rev. June 2006.

机构是否授予免税地位提供了详细资料，又符合税收要素的明确原则。两国税法在申请环节就对公益和互益组织进行了报表的区分，对于完全公益性的组织美国税法规定要填报 1023 表格，而对于具有互益性的组织填报 1024 表格。英国税法规定，对于申请成为慈善组织要填报 CHA1 表格，而其他的组织要填报 CASC (A1)。这种区分为后续的监管和赋予不同的税收政策提前做好分类。英美税法同时明确了捐赠人捐赠给公益性组织将享受免税，而对互益性组织的捐赠却享受不到免税的政策，从登记开始的分类也为捐赠人捐赠给哪类组织享受何种税收政策指明了方向。

3.2.2 非营利组织管理人员的审查

非营利组织是否履行公益契约，具有支配非营利组织资源的管理人员尤其是高级管理人员起着较为关键的作用。非营利组织管理人员作为非营利组织资源的直接支配和控制者，地位极其重要。如果该管理人员具有更多控制慈善组织税收优惠、处理和使用资金的权力，就拥有比那些没有这些控制权的人具有滥用税收政策和公益资源更高的风险。因而有必要制定针对非营利组织管理人员予以监管的税收政策，以确保捐赠人和政府捐赠给非营利组织的资源被用于公益。英美两国的税法对非营利组织的管理人员进行测试和审查的规定，其目的就是避免慈善组织的公益资源被不适合的人所管理和控制，以防止滥用税收优惠政策以及与非营利组织公益目标偏离。

1. 英国税法对非营利组织管理人员的审查规定

英国 2010 年财政法（Finance act 2010）规定非营利组织要成为慈善组织必须要满足“管理条件”（management condition），

即经理人员必须是合适和恰当的人（fit and propert persons）[①]。HMRC 对慈善组织的那些拥有总体控制和行政管理权力人员进行测试，使其成为合适和恰当的人员，以确保组织不会失去税收优惠地位。该测试的经理人员是指能够享受 UK 慈善税收减免组织的受托人、董事、官员，以及任何具有总体控制和管理慈善组织运营或支配资产使用的人员。HMRC 预先推定慈善组织在考察任命经理人员时，已经认真考察了经理人员的能力，为此 HMRC 假定慈善组织所任命所有的人员是合适和恰当的，除非有足够的信息表明并非如此。HMRC 判定经理人员不是恰当和合适的人员所包括的因素主要包括但不限于以下情形，即有税收欺诈的经历；有其他欺诈行为的经历，包括歪曲或/和盗用身份；已经被 HMRC 认定曾经卷入攻击或滥用税收返还系统的人；由慈善监管机构或法院限定成为慈善受托人或者无资格成为公司董事。HM-RC 对经理人员合适和恰当测试的处理可以行使自由裁量权，对未能通过测试的人员可以采取告知慈善组织将此人从该职位上调换的方式。非营利组织应尽早地告知 HMRC，组织是如何处理这些被质疑的经理人员，以防止失去税收优惠地位。当然，如果慈善组织没有按照 HMRC 提出的方式处理，HMRC 也许会拒绝慈善组织税收优惠的请求。通常，慈善组织要在合适的地方公示经理人员的任命流程。例如在任命他们时，在网站或者公开的刊物刊载此人的信息。若要成为非营利组织的经理人员，必须要填写个人声明。经理人员要对以下一些问题进行书面声明，即未丧失成为慈善组织受托人的资格；从未被宣判有罪包括欺骗或欺诈（或任何类似的犯罪，但在法律上已失时效）；未涉及税务欺诈；不是一个未解除债务的破产人；从未在担任慈善组织受托人过程

① Finance Act 2010（C. 13）Schedule 6, Part 1.

中被解职，或者在慈善组织的管理岗位被停职；将会在有生之年寻求确保组织所获得的慈善资金、慈善组织税收返还被用于和仅被用于慈善目的①。

2. 美国税法对非营利组织管理人员审查的规定

美国税法没有具体规定如何对非营利组织的管理层进行审查，但是美国税法明确规定非营利组织不得从事以下事项，即不能毫无缘由地发给非营利组织高管巨额的工资和津贴；禁止相关利益人之间的过度交易；从事实质性的立法游说；参与地方、州或联邦政府选举人的政治活动；运营与组织免税目的无关的商业活动为组织的主要目的等等。如果发生上述有悖非营利组织组织免税宗旨的活动，除了组织可能丧失免税资格外，其管理人员也会受到诸如缴纳工商税、罚款等方面的处罚。

比较英美两国税法对非营利组织管理人员的监管规定以及相应的处罚措施，两国无疑都对组织管理人员的资格进行比较严格审查和监管。通过对管理人员的信息进行公开披露或对违反组织宗旨行为予以处罚等方式来监管管理人员，避免非营利组织落入到不符合资格的管理人员手中。

3.2.3 非营利组织信息披露制度

非营利组织通过了免税资格的申请，登记成为免税组织后是否可以完全享受税收优惠政策，而不论其从事什么活动，税务机构就会统一认定享受税收优惠政策呢？显然是否定的，英、美两国税法对免税组织通过验证该组织是否持续地遵从（ongoing compliance）组织的宗旨来实现监管。实现的手段通过非营利组

① HM Revenue & Customs Guidance on the fit and proper persons test, Pub. 23 Nove. 2014.

织每年向税务机构、捐赠人以及公众提供申报表来验证。报表的使用者通过这些报表来了解组织的运营情况，做出是否给予组织继续享有免税资格以及是否选择捐赠的决定。

1. 美国免税组织的信息披露制度

美国的免税组织在会计期间的某个时点必须向 IRS 填报信息申报表，来提供有关组织详细的财务及其他信息，表明组织如何获取收入、费用支出、工资支付情况、项目花费、组织运营以及是否遵守免税组织规定等方面的信息。除特殊规定外，所有免税组织必须填报年度信息申报表。组织具体填报何种年度信息申报表取决于组织的年度总收入①和总资产两个指标。

从 2010 年以后，年度总收入在正常情况下为 5 万或 5 万美元以下则填报 990 - N 表格；年度总收入为 50001 至 199999 美元之间，且总资产为低于 50 万美元的填报 990 - EZ 表格；总收入为 20 万美元或以上，总资产为 50 万美元或以上，则要填报 990 表格。990 表格要比其他两个表格更为复杂，并涵盖其他两个表格的内容，故主要介绍 990 表格②。

990 表格由 12 个部分和 16 个补充附件组成，主要介绍 IRS 是如何通过免税组织的填报实现监管：（1）表格的第一部分主要是描述组织的使命、组织的活动、志愿者的数量、全日制或兼职人员的数量、专业筹资的费用、支付给组织的授权官员、董事、受托人、主要雇员报酬等基本情况。（2）表格的第三部分，要报告组织服务计划（program service）的完成情况报告。（3）表格的第五部分，要向 IRS 填报的其他报告以及遵从税收政策的情

① 这里的总收入是指组织本税务年度内的总所得，而不是用总所得减去所发生的费用后的数量。

② Internal Revenue Service, 2011 Instructions for Form 990 Return of organization Exempt From Income Tax.

况。第五部分的填报主要是为了实现两个目的。第一个目的是提示组织在填报 990 表格之外要填报的其他表格。第二个目的是判断组织是否从事了某些必须报告并要缴纳工商税的活动，如第五行询问组织是否从事禁止的避税交易，第 8 行询问是否超额持有商业股份，以及第九行询问组织分配的劝募基金是否涉税等等。（4）表格的第六部分，主要报告组织的治理结构、管理措施和披露情况。第六部分为三个小部分：部分 A 询问有关组织治理主体的问题；部分 B 是管理政策（management policies）；部分 C 是披露问题。询问有关组织提供信息的类型以及可以提供给公众的信息，如表格 1023 或 1024，表格 990，以供公众监督。信息需求者在组织的主要办公地点以及地区或分区办公室的正常工作时间可以获得组织的这些表格。（5）表格第七部分，主要是授权官员、董事、受托人、主要雇员、最高报酬雇员以及独立签约人有关报酬的相关问题。（6）表格第八部分，为收入报告。所有的组织必须完成填报栏目（A），要报告来自各种来源的总收入。在收入报告的栏目（B）中，报告所有来自于组织的免税目的相关活动所获收入。（7）表格第九部分，为业务费用（functional expenses）。运用组织规范的会计核算方法来完成本部分的填报，如果组织的会计系统没有分配这些费用，组织可以使用任何合理的分配方法，组织必须准确地向公众及 IRS 报告分配的数量，并用文件记录好分配方法，以备查验。（8）第十部分为资产负债表（balance sheet），该表格要经过独立的审计师审计以提供标准的外部财务报告。（9）第十一部分为净资产调节表以及第十二部分财务报表和报告。

2. 英国慈善组织的信息披露制度

英国对慈善组织的持续监管的情况同美国相似，英国对慈善组织的管辖权不同，分为苏格兰慈善监管办公室以及英格兰和威尔士慈善委员会。苏格兰慈善监管办公室要求慈善组织每年要提交年度申报表以及年度会计报表。已注册的慈善组织年度总收入在 1 万英镑及以上的，要填报有附表的年度申报表，否则仅填报年度申报表。有附表的年度申报表主要包括的内容为，慈善组织的名称、组织管理人员数量、会计期间、总收入、总支出、组织职员的薪酬情况、组织受托人的数量。年度申报表的附表包括财务信息、收入明细、支出明细、简要的资产负债表、慈善组织的受托人的薪酬、组织与受托人的交易情况。年度会计报表主要是要揭示慈善组织将其所获的资金的使用情况，是否按照慈善的目的使用，并把以上信息透明公开地披露给捐赠人、受益人以及资源的提供者①。

非营利组织信息申报表的公开和透明为税务监管部门加强监管提供了便利的条件，也为捐赠人和公众监督非营利组织是否从事公益活动，继续捐赠与否提供了依据。

3.2.4　捐赠人的税收优惠制度

1. 英国捐赠人所享有的税收减免规定

英国税法从 2000 年 4 月开始，个人和公司捐赠给慈善组织的股票、证券以及其他投资品的捐赠，可以申请所得税或公司税的优惠。从 2002 年 4 月开始优惠的范围又扩大到土地和建筑物。当然捐赠人若以高于市场的价格无论出售何种资产给慈善组织，虽可申请税收优惠，但优惠将会受到限制。如土地或财产以高于市场价格销售给慈善组织，要对捐赠人征收高于部分的资本利得税。对于股票和证券的捐赠，税法明确规定有资格计价的交易

① The Charity Commision, Charity Reporting and Accounting: The essentials, January 2013.

所，允许将股票按照交易所所产生的挂牌价计算所获利润，在捐赠人计算应纳税所得额时进行全额抵扣。捐赠遗产给慈善组织完全免征遗产税，资产捐赠也不用缴纳资本利得税和公司税。税法中规定了捐赠人及与捐赠人相关联的人，也许会获得被捐赠组织的利益回馈，只要所获回馈利益的价值没有超过相关价值测试和总价值测试的要求，就可以享受相关税收优惠政策。如果所获回馈的利益超过了上述限制，那么捐赠人将不会有资格获得捐赠扣除①。当然捐赠人所获税收优惠的前提是捐赠给获得资格认定的非营利组织，并收到该组织获得捐赠的确认函。

捐赠人在英国还可以采取捐赠扣除捐赠（gift aid）和工资捐赠（payroll giving）两种捐赠方式。捐赠扣除捐赠是指 UK 纳税人可以将捐赠而享受的所得税优惠的抵扣额，通过书面声明将应予以抵扣的优惠额再次捐赠给非营利组织的捐赠，慈善组织可以通过捐赠人填写的捐赠扣除声明表格（R86 表格），向税务机关申请捐赠人所放弃的抵扣税额返还，以增加慈善组织或社区业余体育俱乐部（CASCs）获取捐赠额的一种方式②。工资捐赠是让捐赠人能够经常性的或一次性的从他们的收入、公司支付给个人或个人养老金直接按月或有规律地选择捐赠给指定的慈善组织。工资捐赠是在所得税征收前，捐赠从收入中扣除，可以对捐赠立即给予税收抵扣③。

2．美国捐赠人所享有的税收减免规定

美国税法规定捐赠人在纳税前可以扣除捐赠给慈善组织或者被认定免税资格组织的钱款或财产。捐赠者必须要捐赠给经过审

① HM Revenue & Customs Guidance Chapter 5: Giving Land, buildings, shares and securities to charity, lublished 17 September 2013.

② HM Revenue & Customs Guidance Chapter 3: Gift Aid, published 17 September 2013.

③ HM Revenue & Customs Guidance Chapter 4: Payroll Giving, published 17 September 2013.

核后有资格的组织，单独指定具体的个人，是无法获得税收抵扣。如果捐赠财产，通常可以按照捐赠时的市场公允价值来抵扣。美国税法还规定了一些特别的捐赠，如会员费、给寄宿在家庭中学生的费用支付、参加免税组织所举办的会议费用和差旅费用支出、赡养养父母的支出、从事慈善活动所购买的制服、为慈善组织服务使用私人汽车的现付费用，上述费用在满足一定条件可以在缴纳所得税前扣除。但是有些捐赠是不能扣除的，如捐赠给某些会员类组织、为获得特定利益回报的捐赠、提供志愿服务所占用时间采取多种形式计算的费用。美国税法规定，可以享受税收优惠的财产捐赠范围比英国税法规定的范围要大，它包括了衣物和家庭用品、小汽车、船或飞机、债务抵押财产、所拥有财产的部分权益、货物、有形个人资产中的权益、专利或其他智力财产、资本资产（如股票、债券、珠宝、钱币等）。当然捐赠中所获免税组织的利益回馈，要将所获利益的价值从捐赠中扣除后为可扣除的金额①。捐赠人必须保留记录以证明当年所做的捐赠数额、捐赠的时间以便于向 IRS 申请扣除，并通过表格 1040 或表格 8283 填报②。

英美税法对捐赠人捐赠范围尤其是财产捐赠范围的扩大，可以更好诱导捐赠人捐赠。财产、资产等捐赠扣除的规定为我国税法提供了借鉴意义，我国税法在这方面缺乏相对明确的规定，致使捐赠人发生诸如财产、资产方面的捐赠，缺乏明确的税收政策。

① Internal Revenue Service Publication 526: Charitiable Contributions, Jan 13, 2015.

② Internal Revenue Service 1040 Instructions (Cat No. 248IIV), Jan 26, 2015.

3.2.5 非营利组织商业活动的相关规定

按照税收公平的原则，非营利组织从事了营利性活动，就应为纳税主体，应该负担税收。但实践中，英美两国税法对非营利组织的商业活动采取了差别对待原则，如果能表明所获取的收益最终用于公益宗旨活动，则免税，否则征税，体现了税收公平的实质性原则。

1. 美国税法对免税组织商业活动的规定

美国税法规定，免税组织所从事的与组织活动宗旨相关的慈善、教育或其他构成组织免税目标的商业活动收入享受免税。当然，如果一个免税组织有规律进行商业或贸易活动且与免税目标没有实质性的联系，组织来源于这类无关商业活动的收入就要纳税。无关商业活动收入（unrelated business income）是指由免税组织运营的与免税组织宗旨无关的有规律来源于经营活动收入。“经营活动”通常包括任何通过销售商品或提供服务产生收入的活动。免税组织的商业活动被认定为持续经营，主要表现为经营活动的经常性和持续性，并且与它所追求的活动与营利组织相比，所从事的是相同的商业活动。判定商业活动是符合免税目的，要参照如下原则：一般说来，因免税目标销售商品而产生的商业活动收入不能称为无关商业活动或贸易。验证标准主要看是否是为实现组织的免税目标。当一个组织利用免税活动产生的商誉或其他商业领域使用非营利组织无形信誉的商业活动，事实是这种活动的收入是有赖于组织免税目标，则这种活动即为与组织宗旨相关商业活动，即可免税。“无关商业活动应税收入”是指有规律由免税组织进行的来自于任何无关商业活动的总收入减去与经营活动直接相关的费用扣减后的金额。如果一个组织经常有规律地经营两个或两个以上的无关商业活动，组织无关商业活动应税收入为来自于这类活动的总收入减去归因于所有活动可允许扣减项目后的余额。一般来讲，无关商业活动收入是应税的，但是也有例外和特殊的规则。以下类型的收入在计算无关商业活动应税收入要排除在外，即分红、利息、年金以及其他的投资收入、出借证券收入、相当于抵押贷款的支付、专利使用权、来源于固定资产的租金、来自科研的补贴收入、财产捐赠的利得和损失、结束或终止的期权、某些闲置资产出售的利得或损失。可扣除的费用为计算无关商业活动应税收入时，与无关商业活动相关的费用、折旧以及同样适用于可允许营利性组织所得税扣除的项目。但有几种可扣除的费用需要特别考虑，即设施和人员与免税组织双重使用的费用分配、归于免税活动开发的费用、净运营损失扣除、慈善捐赠的扣除、合伙组织的收入和损失等等①。

2. 英国税法对慈善组织商业活动的规定

英国税法也对慈善组织的商业活动进行了详细的规定，为了享受免征资格，慈善组织必须将利润仅用于慈善目的。慈善组织以下商业活动所获的利润享受税收免征：慈善组织的商业活动与它的慈善目标相联系，即符合“首要目标”② 的商业活动；由慈善组织的受益人所从事的商业活动；慈善组织从事商业活动的营业收入占其年度营业额较小比例的“小规模商业活动”③；慈善组织的筹资活动；慈善彩票。慈善组织为实现捐赠物品的价值而销售，免征直接税。满足一定条件下，由慈善组织销售的捐赠物

---

① Internal Revenue Service Publication 598 Cat. No. 46598X：Tax on Unrelated Business Income of Exempt organization, Jan 07, 2015.

② 首要目标是指组织的核心宗旨，对于慈善组织就是指慈善目标等。

③ 英国税法对非营利组织的年度营业额（指其从事具有营利行为的商业活动）是有限制的，其限制的限额为：（1）500 英镑；（2）如果营业额超过 5000 英镑或者慈善组织的总货币收入的 25%，则最高限额为 5 万英镑。

品可以享受增值税零税率。慈善组织也可以利用下属的商贸公司并通过商贸公司捐赠利润给慈善组织以获得税收优惠。若慈善组织的收入和利得没有用于慈善目的，它的免税资格也许会受到影响①。如果慈善组织发生了以下费用，则免税地位将受到影响，即所发生的一项费用完全用于非慈善目的；所发生的一项费用一部分用于慈善目的，另一部分用于非慈善目的或者慈善组织被视为发生了非慈善费用。慈善费用是指慈善组织已经发生的仅是为了慈善目的的费用，它包括为实现慈善如慈善的援助和发生在慈善组织中必要的行政管理费用。非慈善的费用主要是指下列费用：所发生的不是仅为了慈善目的的费用；慈善组织没有采取合理的步骤确保支付给海外的费用被用于慈善目的；由慈善组织所做的投资和贷款不是享有税收优惠资格的投资和贷款；被处理为非慈善费用的金额为与主要捐赠人（substantial donors）交易的结果，且未通过 ICTA88 中的 S506A 测试。

慈善组织的商业损失源于慈善目的的商业活动，被视为慈善费用。如果损失源于非慈善目的的商业活动（2006 年 3 月 22 日以后）将是非慈善费用。对于慈善组织的纳税期间为 2006 年 3 月 22 日开始或之后，所有慈善组织发生（或被判断为正发生的）非慈善费用等于可免税的收入和利得的数额将失去免征资格，慈善组织不能在扣除非慈善费用前从免税的收入和利得中扣除慈善费用。可免税收入和利得（Relievable income and gains）是指收入和利得有资格获得税收减征或免征，它包括捐赠扣除捐赠、租赁收入、利息所得、慈善组织慈善目的贸易活动产生的利润，以及资本利得。如果慈善组织已经发生了非慈善费用，HM-

① HM Revenue & Customs Annex ⅳ: trading and business activities - basic Principles, published 17 september 2013.

RC 的慈善管理机构希望慈善组织在纳税期间完成一个自我评估或使用纳税申报表以计算纳税期间所涉及的并导致的纳税义务。慈善组织在纳税期间所发生的非慈善费用也许超过免税的收入和利得，如果发生此类情况，非慈善费用抵扣慈善组织的总的收入和利得，即慈善组织的免税收入和利得加上所有其他来源的收入或利得（无论征税与否）。此时非慈善费用减去总收入和利得的差额，如果仍然有非慈善费用超出，该差额就要向以前的纳税期间追溯纳税，并被处理为追溯期间的非慈善费用，直到或者是没有任何超额的非慈善费用，最长的追溯期为从实际发生的时间起向前 6 年[①]。

英、美税法对于组织从事与宗旨活动相关或者为了组织的宗旨而从事的商业活动都采取了免税的政策。美国税法规定了无关商业活动以及无关商业活动应税收入的核算，以及无关商业活动和组织宗旨的活动费用出现交叉时如何进行合适的分配，做到对组织的商贸活动既有控制的手段，又有科学的分配方法。英国税法所采取的监管办法是，如果组织因经营活动发生的非慈善费用超过免税收入和利得，组织将失去免税资格并对其纳税义务进行追溯。

3.2.6　税务管理体系及申诉制度

徒法不足以自行，再好的立法，也要通过执法机构的良好执行和理解才能实现立法的正义。也就是说，创设正义秩序的税收立法本身无法实现正义，它必须要借助税务机构的执法来实现。税收执法的不当可以由税收司法纠正，税收司法是税收正义的最

① HM Revenue & Customs Guidance Annex ii: non – charitable expenditure, 22 July, 2015.

后保障。英、美在非营利组织税法的实践中体现了税收立法、执法、司法的统一，即非营利组织税法执法有专门的执法团队，税收司法有完善的申诉制度和税务司法体系。

1. 美国对非营利组织税务管理及申诉制度

美国国内税务局（IRS）是一个庞大的专业行政机构，它单独成立了一个部门即免税组织司（IRS Exempt Organizations Division（EO））来处理非营利组织事务，免税司设税收免除处（Tax Exempt（TE））和政府主体（Government Entities）处两个部门，2011 年大约有 889 名雇员。两个处下分设 3 个办公室：规则和批准（Rulings and Agreements（R&A））、客户教育和成长（Customer Education & Outreach（CE&O））以及检查（Examination office）办公室。美国税务局免税组织司检查办公室负责执行活动，包括符合性审计和免税组织的审计。规则和批准办公室负责对免税申请的复审、发布规则以及提供技术建议，包括做出决定和提供质量保证。客户教育和成长办公室通过全国性的教育和成长计划帮助免税组织理解税法。

如果组织申请的免税地位未获得免税组织司（exempt organization）批准或对非营利组织实施惩罚，组织有权利向申诉办公室（Appeals Office）要求考虑取消该不利的判定。为此组织必须提交一份全面解释提出申诉原因的报告。组织提交的申诉，要确保申诉包括了所要求的所有信息，如组织的基本情况、反对判定的报告、支持申诉的事实等等。报告的真实性必须在理解伪证惩罚声明前提下，声明该报告是符合事实的，该声明由组织的代表人或授权代表人来进行声明。申诉办公室将会考虑组织的申诉，申诉办公室要告知组织判定结果同时发布判定信函。申诉办公室在考虑上述问题时必须参考来自 EO 的技术建议。建议可能包括，如及时准确地完成表格 1023 的填报、在后续的申请填报中是否做出恰当的选择或对税收扣除的申请、是否及时地完善所要求填报的额外信息等等。IRS 还有一个考察期，考察期之后组织也许未获得最终判定，也许 IRS 未能及时地为免税组织做出判定。在这类情况下，组织可以向美国哥伦比亚社区法院、美国联邦申诉法院或者美国税收法院填报合适的确权判决①。

2. 英国对非营利组织税务管理及申诉制度

英国分为英格兰、苏格兰、北爱尔兰以及威尔士几个区，对于慈善的监管，几个区相差不大。以苏格兰慈善监管办公室为例，该办公室负责慈善组织遵守法规、检查组织并提出会计政策建议、处理来自公众的申诉、慈善组织的管理、确保苏格兰慈善组织的注册、慈善地位的授予、有权免除慈善组织的管理人员。该监管办公室由苏格兰大臣（Scottish Ministers）向公众公开任命程序所组成的董事会直接工作，董事会工作内容为：监管机构的战略和未来的方向、为慈善组织提供专业化的服务并推进政策的遵从。

如果慈善组织对慈善委员会或 HMRC 判罚不满意，可以对 HMRC 所做出的决定由 HMRC 慈善监管机构更高级的管理层进行复审，该复审经理不能是那个初始判决的经理来进行复审。如果复审经理认为最初的判定是正确的，而组织仍然不满意判定，可以要求 HMRC 慈善监管机构的总裁进行再一次的复审。如果监管机构的总裁仍然坚持原判，而慈善组织仍然不满意，那么可以要求审判员调查此案，因为审判员是公正和无偏的裁判且提供免费服务。审判员办公室调查有关判决正确与否以及 HMRC 运用自由裁量权的尺度合理与否（包括其他问题）的投诉。HMRC

① http：//www. irs. gov/Government – Entities/Tax – Exempt – Government – Entities – Division – At – a – Glance.

慈善监管机构总裁所做判定的6个月内，对判决不服的，可以向审判员办公室提出投诉，审判员将在首次联系的10日内回复，审判员办公室将审查慈善组织的投诉内容。审判员办公室的询问也许是通过推荐信的方式，或者是通过中介的方式。审判员办公室将出具一个慈善组织和HMRC都接受的解决方案。如果仍然不满意，可以向法院申诉①。

英、美两国完善申诉制度，为两国非营利组织保护自身应有的权利提供法律制度上的安排。两国专门税务管理机构的设置，能够为非营利组织提供全面专业化的服务和专门的监管，为非营利组织的健康发展提供了管理制度上的保障。

3.2.7 非营利组织的税务检查体系

对非营利组织进行税务检查，是通过对非营利组织的财务报告、纳税申报表、免税资格遵从情况等有关组织运营情况进行审计，检查非营利组织遵从法规的情况，及时发现非营利组织有无违反组织公益宗旨的情形等。

1. 英国税务局对非营利组织的税务检查

HMRC选择一定数量的慈善组织和CASC进行审查以确保捐赠扣除申请正确、返还申请的金额准确。税务检查主要检查慈善组织的会计记录、会计系统和申报程序。HMRC也要鉴别其他潜在的税务风险，如非慈善费用、慈善组织管理层的合规性和增值税问题②。慈善组织管理层最终对所有申请的正确性负责，有义务确保完善的信息系统以使申报的结果正确。税务检查人员将会

① http：//www.charitycomission.gov.uk/how－to－complain.

② HM Revenue & Customs Guidance Chapter 7：Audits by HMRC Charities，22 July 2015.

对记录是否完善和遵从税法的情况进行权衡，以考虑是否有必要进行全面的审核。通常情况下，检查人员将走访慈善组织相关信息记录的保存地点，进行现场审核。当潜在的问题被审核出来后，检查人员将对慈善组织提出如下建议和措施：如建议慈善组织改进会计制度；HMRC 将对认定发生错误的申请返还采取重新征税；对慈善组织以前已经申请少于申请返还的数额进行再返还；提供必要的建议以帮助慈善组织减少保留相关信息记录的负担。检查人员也许会审核捐赠人，包括某些捐赠人的地址、姓名以及检查返回申请，以便于审查捐赠人纳税记录的真实性。通过上述审核并鉴别所出现的问题，将进一步审核个人捐赠者是否有不良记录。慈善组织是否存在与捐赠者沟通不充分，或者欺诈，审计师必须就所有的问题与组织的管理人员做进一步的讨论[①]。在检查完成的当天，检查人员将会找慈善组织管理层谈话或者从发出信函的方式告知慈善组织已经审核了什么以及审核的结果。慈善组织的管理人员要对 HMRC 认为有问题的事项详细地进行解释，向 HMRC 提供一个所有相关年度税款应补缴的摘要以及利息费用计算的公式，在合适的条件下，与 HMRC 讨论需要支付认定的罚款并依据税法解释，以争取最大限度减少 HMRC 的罚款。组织的管理层有权利对检查人员所做的任何评估或决定提起上诉。

慈善组织从审计报告寄送信函日期起 30 天内去解决被查出的任何问题，包括慈善组织从捐赠人处获得新的合格的捐赠扣除声明，以纠正在被审计样本中的错误。慈善组织调整的依据是慈善组织找到纳税人的捐赠扣除遗失声明或者是获得纳税人新的捐

① HM Revenue & Customs Guidance Chapter 7: Audits by HMRC Charities, 22 July 2015.

赠扣除声明。慈善组织是否要根据审计的结果进行年度会计报告的调整，取决于抽样中发现的错误率以及所涉及的税收返还金额。当然，如果组织年度内所涉及的捐赠税收返还金额低于2500英镑，则对其捐赠扣除返还的错误不承担任何惩罚责任。具体调整与否及措施见表3-1。

表3-1　慈善组织调整与否的税收返还金额及抽样错误率要求一览表

抽样中要求调整的错误率	税收返还金额	审计调整要求
低于4%	低于100英镑	当前和以前年度无须调整，不举黄牌
低于4%	低于500英镑	当前年度需调整，以前年度无须调整，不举黄牌
低于4%	超过500英镑	当前年度调整，以前年度无须调整，举黄牌
超过4%	低于500英镑	当前年度调整，以前年度无须调整，举黄牌
超过4%	超过500英镑	当前年度调整和以前年度均须调整，不举黄牌

HMRC将通过“黄牌”追偿警告系统来提示非营利组织。HMRC所关注的是慈善组织审计年度应缴纳税款，慈善组织则要纠正审计中发现的错误。黄牌将有助于慈善组织和CASC准确掌握捐赠扣除和改正未来返回申请将要发生的错误。举“黄牌”要获得HMRC和所涉及慈善组织的同意，HMRC致力于仅是按照审计年度追偿税款，而慈善组织致力于加强记录保留的补救措施①。

2. 美国IRS对非营利组织的审计监督

在过去的短短几年里，IRS为了加强对非营利组织的管理和

① HM Revenue & Customs Guidance Chapter 7：Audits by HMRC Charities，22 July 2015.

监督，在各方面加大执行力度，包括非营利组织对税法的遵从，增加了审计人员并对所有类型的非营利组织进行了走访和检查。

IRS 的检查是由 IRS 的检查人员就非营利组织的信息申报表和账簿以及相关记录进行审查。大多数非营利组织的审计由 IRS 免税组织司（EO）的审查办公室来执行。审查办公室（Examination Office）由以下几个部分构成：免税组织遵从科（exempt organization compliance unit（EOCU）），该科负责税法遵从的检查；运营情况监察科（review of operation（ROO）），负责进一步的追踪检查；初始遵从战略科（compliance strategies critical initiative），负责协调免税组织司的战略计划，负责管理公益宗旨的推进情况，并分析这些项目的结果。免税组织司审查办公室共有 461 名官员①。

IRS 的审计，主要是为了达到如下目标：确保非营利组织的运营是为了公共目的而不是为了私人目的；判断非营利组织是否从事了潜在的非免税活动；确保非营利组织保留的资产完全为了免税目的；评估支付给个人或非慈善组织款项以及记录程序是否合理；判定非营利组织是否支付超额报酬、费用或福利；判定非营利组织是否参与游说或政治竞选。如果 IRS 判定非营利组织没能遵守税法和规则，它可以依照所涉及的事实来对非营利组织采取罚款、征收工商税（excise tax）直至取消非营利组织的免税资格。同时，根据情节可能对参与非营利组织不符合免税目标交易的董事、官员、雇员征收工商税。

IRS 使用计算机系统（被称为 RICS）选择非营利组织的申报表进行审计，IRS 的外部人没人知道 IRS 如何使用这个系统，

① http：// www. irs. gov/Government – Entities/Tax – Exempt – & – Government – Entities – Devision – At – a – glance.

IRS 只是简单地描述"RICS 的使用标准由计划和规划小组来选择，并确定潜在的稽查"。审计也可以源于外部审查的结果，也可以是来源于 IRS 以外的其他部门，如国会、政府其他行政部门、监察小组以及普通公众。IRS 同时设立了内部举报人制度，非营利组织的内部人可以举报组织内部的不良行为。IRS 制定表格 13909（免税组织举报表格）鼓励公众以及内部成员填写，报告非营利组织可能存在的不恰当活动。IRS 也留意媒体有关非营利组织问题的报道，非营利组织的不良公共舆论不仅是公之于众的难堪，也会陷入 IRS 的检查（正如谚语所说："世上没有不良的新闻媒体"）①。

IRS 有三种不同类型的审计方法，即符合性审计、实地审计和内勤审计（office audit）。教堂有特别的审计规定。

符合性审计是审查办公室审计计划的一部分工作，如果非营利组织的年度总收入少于 10 万美元，非营利组织最有可能要面临这类审计。审计采取的方式有信件、传真、邮件或电话，审计人员也可以要求非营利组织的高级管理人员带着记录去 IRS 的办公室。非营利组织可以通过电话、信件或提供其他文件的方式来说明并澄清被问及的问题。免税组织出现如下问题将导致符合性审计，即信息申报表出现问题，诸如资金数量异常、申报表上缺乏足够的说明、申报表缺失、漏报项目、明显的错误、未能填报都会导致符合性审计。审计师也许要求非营利组织提供：注册成立的文件和内部章程，包括修改的文件，描述非营利组织活动的各种小册子、资料以及其他的印刷资料；本年度的 990 系列②表

① Stephen Fishman, "Every Nonprofit's Tax Guide: How to Keep You Tax - Exempt Status and Avoid IRS problems", pag. 20, Copyright @ 2009 by Nelo.

② 指 990 - N，990 - EZ 以及 990 表格。

格的复印件；前一年度和后一年度的审计资料。审计人员如果发现更为严重的审计问题，也可以将符合性审计转为实地审计。

同符合性审计一样，内勤审计（也称为面谈审核）针对的是年度总收入低于 10 万美元的非营利组织。这种方法适用于由符合性审计不能处理的问题或审计人员要求在 IRS 办公室对非营利组织的记录进行面谈，除了进行面对面的方式外，内勤审计同符合性审计非常相同。因为内勤审计同符合性审计相比花费更多的时间，内勤审计已经越来越不被采用。

实地审计比较综合和重要，由一个或多个有经验的 IRS 审计人员来执行，审计人员到非营利组织的经营场所走访。实地审计又分为小组审核程序（Team Examination Program）和一般程序（General Program）。小组审核程序主要是针对大型的、复杂的非营利组织的实地审计，例如大学或医院。小组审计程序所审计的组织资产至少是 1 亿美元及以上的非营利组织。一般程序审计主要是针对较小的非营利组织，这些组织的特点是以个人收入代理的方式运作。实地审计是多样性的，可以持续一年或更长的时间，处理大多数严重的审计问题并可能导致组织要补缴税款和/或罚款，在极端的情况下取消非营利组织的免税地位。检查人员所关注税法被滥用的方面主要包括：政治活动；实质性的游说；私人报酬和私人利益——如支付过度的报酬给雇员、官员或董事，或者与内部人过密交往；未能填报信息和收入纳税申报表；未能报告或/和就无关商业活动收入纳税以及未能填报雇佣税申报表（表格 941）、表格 W－2 和表格 1099。

审计的结论阶段，IRS 会给非营利组织发出一个判定函，审计的结论通常为下列之一或多个结论。其一，无调整意见的审计报告。没有对组织的免税地位或纳税义务进行调整。显然，非营利组织所希望的最好的结果就是 IRS 出具无调整意见的审计报告

(no - change audits)。其二，无调整但有书面建议的审计报告。没有调整组织的免税地位或其他应负的义务，但是留待观察IRS的建议是否被遵从。相对较好的审计结果是无调整但有书面建议的审计报告（no - change with written advisory）。IRS发出的这类审计报告适用于但不限于非营利组织出现了以下的情况，即未能及时地填报年度信息申报表；未能及时地填报联邦政府要求的其他必要的纳税申报表；雇员或独立签约人未能遵照纳税报告的规定；未能准确识别特别的筹资活动；不正确地合并不同来源的收入；在表格990上披露了不正确的净收入或费用；未能报告必要的管理人员或受托人的报酬或其他数据；未能告知IRS组织的目标、特点或运营方式的改变；未能保留足够的账簿和记录。其三，征税（对无关商业活动收入、雇佣或消费）或者/和罚款。IRS可以采取征税或/和罚款，包括对无关商业收入征收所得税、雇佣税，对游说、政治活动或过度利益交易征收工商税。其四，对非营利组织的免税地位进行修订或重新对非营利地位是公共慈善或基金会进行重新划分，直至取消免税地位。迄今为止IRS能够执行最严厉的惩罚就是取消非营利组织的免税地位，一旦组织被取消免税地位，组织就要开始执行同应税公司一样的税收政策①。

从英美税法对非营利组织免税原因的税法实践来看，组织的慈善目的或公益目的成为非营利组织能够获得免税的根本原因。组织所从事的营利性活动只有与组织慈善或公益的宗旨相关，才能够获得税收上的优惠。否则组织所从事的与商业组织相同的营利活动要进行成本和费用的核算，计算总应税所得额来纳税。两

---

① Stephen Fishman, "Every Nonprofit's Tax Guide: How to Keep You Tax - Exempt Status and Avoid IRS problems", pag. 21 - 30, Copyright @ 2009 by Nelo.

国税法以慈善或公益为主导，通过填报和公开披露组织信息提高组织信息的透明性（transparency），以保留审计信息线索为公众和税务稽查部门提供监督检查的信息提高组织的可稽核性（accountability），为捐赠人或税务机构判断组织资源最终流向提供可以稽核的线索，验证非营利组织是否按照成立时的宗旨运营，为非营利组织是否遵从公益或慈善宗旨提供判断依据。然而，市场经济高度发展的今天，以利益最大化的非营利组织各个参与方——政府和税务机构管理人员、非营利组织的管理人员、捐赠人能遵守事先达成的慈善或公益契约吗？委托代理理论论证了公益契约仅靠每个个体的道德约束是不可能达成，现实中种种滥用公益资金和税收优惠政策的情形也进一步证实了理论的判断。契约的达成还要依靠法治的强制力量，并配以道德约束，也许能够达到理论上的完美。

第4章

非营利组织税收政策滥用的成因与规制

2011年6月“郭美美”事件的发生，使公众开始质疑捐赠资金的有效使用。民政部统计数据显示，2011年6月全国社会捐款额为10.2亿元，7月社会捐款数额为5亿元，减少5.2亿元。此前，民政部慈善捐助信息中心监测数据也显示，“郭美美事件”发生后，尽管全国接收捐赠总额变化不大，但公众通过慈善组织进行的捐赠大幅降低。2011年3至5月，全国慈善组织共接收捐款62.6亿元，但6至8月，全国慈善组织共接收捐赠8.4亿元，降幅达到86.6%[①]。诚然，我们不去深究郭美美是否为红十字会所谓的经理，但事件本身对我国的公益慈善事业产生深远的影响。实务界和

① 北京晚报，“全国社会捐款7月环比减半”，2011年9月14日第3版。

理论界深思我国非营利组织资金使用过程的公开透明，人们从信任开始质疑捐赠善款使用方向，以“用脚投票”的方式减少或不给予公益慈善组织的捐赠。这一事件的直接后果是公众开始质疑获得特别税收政策的非营利组织在以经济利益为最大化的市场经济社会中能否坚守契约精神，将组织的资金最大化地用于公益；捐赠人以及非营利组织的管理人员和监管人员在个人主义利益最大化的诱惑下，能否坚守公益契约。近年来，学界对非营利组织税收制度的缺陷和存在的问题进行了较多研究，对非营利组织税收监管方面的问题形成了大致相同的认识。学界普遍认为非营利组织税收政策存在的缺陷主要体现为：税收优惠政策被滥用、税收征管严重失控、捐赠扣除制度不合理等等。如国家税务总局课题组（2004）、许捷（2005）等认为给予非营利组织的财政支出被滥用，李雪松（2005）认为非营利组织所得税征管处于失控状态，陶水莲（2015）认为非营利组织税收减免政策被滥用。学界也针对此类现象提出了相应的措施，如加强税收征管、加强税收立法等方面，但是上述的文献论述相对缺乏对非营利组织税收政策被滥用等背后原因的探讨，且缺乏理论解释。

本章以“经济人”为假设前提，以委托代理理论为理论基础，从非营利组织各参与方相互博弈来构造模型，论述非营利组织参与各方的行为选择。从理论层面上论证了非营利组织的各个参与方在没有监督或缺乏监督的情况下，滥用非营利组织的税收优惠政策和非营利组织资源的可能性。然后介绍英美税法如何监管非营利组织各相关方，以防止非营利组织的税收政策和所获资源被滥用，进一步验证理论的分析，为我国税收监管非营利组织及其相关方提供理论上的指导并为税法实践提供借鉴。

4.1 非营利组织税收政策滥用的成因分析

现代经济学理论以有限理性“经济人”为假设前提，分析市场参与主体以自身利益最大化来行动，非营利组织作为市场经济的参与主体，无疑也适用这一假设前提[①]。参与非营利组织的各相关方（这里主要是指捐赠人、政府、非营利组织的管理人员及员工等）被假定为以追求个体利益最大化的“经济人”。追求利益最大化的非营利组织各参与主体，在税收优惠政策诱导下，利用委托代理关系的信息不对称来追求个体收益的最大化是市场经济发展的必然，在监管主体和制度缺失的情况下，为利益最大化的个体滥用税收优惠政策和滥用组织资源提供了可能和便利。

本节拟运用委托代理理论、博弈论等理论来论证非营利组织的资源以及非营利组织税收政策被滥用的可能，为后续非营利组织税收监管法规的制定、执行提供理论上的支撑。

4.1.1 非营利组织税收政策被滥用成因的理论分析

委托代理关系最早用于法律领域，是契约理论在经济学中的运用。现有的委托代理模型是博弈论在不对称信息情形中的应用[②]。其主要思想是，委托代理关系中主要存在的问题是委托代

① 虽然也有学者对“经济人”的假设提出较多的反对和补充的意见，但是至今没有一种可以完全替代“经济人”假设的观点来颠覆整个经济学理论讨论的基础，因而本文也将经济人假设作为分析的基础。

② 路锦非：《中国养老金市场的价值链研究》，华东师范大学出版社 2012 年版，第 23 页。

理合约签订之后可能会出现事后的信息不对称，即道德风险。代理人的道德风险会损害委托人的利益，而委托人的道德风险会损害代理人的利益。将委托代理理论运用于非营利组织分析上，委托人为政府、捐赠人；代理人为非营利组织。政府和捐赠人将资金委托给非营利组织的初衷是期望非营利组织能够提供公益物品，非营利组织也正是承诺将所获用于公益物品的提供，才能获得捐赠人和政府的支持。捐赠人和非营利组织公益的初衷，使其获得了税收政策上的优惠。税务部门作为税法的执行机构，接收政府和捐赠人的委托，负责监督非营利组织的履约情况，并对违约情况按照税法的规定予以处罚和约束。由于非营利组织的非营利性，组织“所有权人”（政府和捐赠人）没有剩余财产的索取权，作为委托人的政府和捐赠人出现监管缺位。在非营利组织所提供公益的最终受益人信息反馈不畅通的情况下，委托人更无法考察非营利组织完成契约的绩效，从而出现委托代理问题。

委托代理理论提供了非营利组织的税收政策和资金被滥用原因分析的基本思路，非营利组织税收政策和资金被滥用绝不是委托人或代理人单个个体能够实现。合谋和政府俘获理论[①]进一步为非营利组织的各个参与方相互博弈提供了理论的依据。一方面税务机关的人员在追求个人利益最大化的要求下被非营利组织管理层所“俘获”，另一方面非营利组织管理者和捐赠人之间的合谋，从而实现了非营利组织的各个参与方对税收优惠政策和资源滥用。可见，如果没有完善的外部监督和内部控制（内部监督）体系，在追求利益最大化的诱使下，非营利组织各参与方的委托代理问题极易出现以下情形：（1）代理人和监管机构合谋获取不当收益。如非营利组织和税收执法部门合谋，出于利益最大化

① 于立宏：“规制俘获与规制权力分离理论选择”，《产业经济》，2010 年第 3 期。

目的的非营利组织将资源用于营利性的活动，获得无税收益，并将所获利润进行分配。(2) 捐赠人（委托人）利用非营利组织享受税收优惠的政策，将应纳税所得以公益的名义或通过关联方交易进行转移，获得免税收益。上述情形，一方面有损非营利组织公益性从而降低了组织的公信力，另一方面非营利组织的税收优惠被滥用有损税法公平。

4.1.2 非营利组织税收政策被滥用的模型构建

1. 税务部门和非营利组织管理层之间博弈模型①

假设前提是：税务部门和非营利组织管理层在追求自身利益最大化时，又在博弈中不断衡量对方的行动。捐赠人（捐赠人包括企业捐赠人、个人捐赠人和政府部门，下同）的策略决定税务部门和非营利组织管理层的策略选择。

(1) 模型假设和构建。

①捐赠人不核查，税务部门和非营利组织管理层无合谋行为。那么，税务部门、非营利组织管理层的额外收益（或支付）为零，捐赠人收益为 R。(R 社会诚信提高，所增加的社会总收益)。税务部门、非营利组织管理层和捐赠人（下同）的收益记为：(0，0，R)。

②捐赠人核查，税务部门和非营利组织管理层不合谋。则三者收益记为：(0，0，R－C)（C 代表捐赠人核查成本）。

③捐赠人核查没发现合谋行为，非营利组织的管理人员和税务机关合谋。它们收益记为：(H，F，－C)。

④捐赠人不核查，税务部门和非营利组织管理层合谋。则税

---

① 该模型的数理推导借鉴，任玉珑、王恒炎、刘贞："环境监管中的合谋博弈分析与防范机制"，《统计与决策》，2008 年第 9 期。

务部门、非营利组织管理层合谋产生的收益分别为 W、N，捐赠人收益为零，它们收益记为：(W，N，0)。

⑤捐赠人核查发现税务部门和非营利组织管理层合谋，并惩罚。则税务部门被惩罚后的收益为 - W，非营利组织管理层被惩罚后收益分别为 - N，则捐赠人的收益为 R - C、它们的收益记为：(- W， - N，R - C)。

⑥捐赠人核查概率为 P2，核查时查实其有合谋行为的概率 P3，税务部门和非营利组织管理层有合谋的概率为 P1。则三方博弈模型如表 4 - 1：

表 4 - 1 捐赠人、税务部门和非营利组织管理层三方博弈表

捐赠人 / 税务部门和非营利组织	核查 P2		不核查 (1 - P2)
	查实 P3	未能查实 (1 - P3)	
有合谋行为	(-W， -N，R - C)	(H，F， - C)	(H，F，0)
没有合谋行为	(0，0，R - C)	(0，0，R - C)	(0，0，R)

(2) 模型求解。

①若捐赠人核查收益为 L1，不核查时收益为 L2，合谋的概率为 P1。则收益分别为：

$$L1 = P1[(R - C)P3 - C(1 - P3)] + (1 - P1)[(R - C)P3 + (R - C)(1 - P3)]$$

$$L2 = P1 \times 0 + (1 - P1)R$$

当捐赠人认为不论核查与否，预期的收益相同。此时，非营利组织管理层和税务部门合谋有最优概率，捐赠人博弈均衡。令 L1 = L2，得：

$$P1^{*} = C/RP3 \qquad ①$$

②若非营利组织管理层合谋收益是 L3，不合谋收益为 L4。

捐赠人核查概率为 P2。则 L3、L4 分别为：

$$L3 = P2\ [P3\ (-W) + (1-P3)\ F] + (1-P2)\ G$$

$$L4 = 0$$

当非营利组织管理层合谋和不合谋的预期收益相同，非营利组织博弈均衡。令 L3 = L4，此时捐赠人核查的最优概率为：

$$P1^{*} = C/RP3 \qquad ②$$

③若税务部门参与合谋与不参与合谋的收益分别为 L5 和 L6，捐赠人核查概率为 P2，则 L5 和 L6 为：

$$L5 = P2\ [P3\ (-N) + T\ (1-PF] + H\ (1-P2)$$

$$L6 = 0$$

当税务部门合谋有否的预期收益相同，税务部门博弈均衡。令 L5 = L6，得捐赠人核查的最优概率为：

$$P2^{*} = H/\ (H+F)\ P3 \qquad ③$$

④依据①②③式可以得到捐赠人、税务部门及非营利组织三者混合博弈模型的纳什均衡为：

$P1^{*} = C/RP3$，$P2^{*} = F/\ (R+F)\ P3$；或者为 $P1 = C/RP3$，$P2^{*} = W/\ (H+N)\ P3$

（3）结果分析。

①由①式可知，合谋的概率 P1，与查实合谋概率 P3 及捐赠人收益 R 成反比，与捐赠人核查成本 C 成正比。即当外部监管部门或捐赠人审核技能越高，则非营利组织管理层与税务部门合谋概率越低。另外，若捐赠人核查成本过大，为降低成本而减少核查次数，查实合谋概率会减少，非营利组织管理层与税务部门合谋概率会上升。

②由②式可知，当 $P2 < P2^{*}$ 时，即捐赠人核查概率小于纳什均衡概率时，非营利组织管理层合谋，反之，则不合谋。假定 F 不变，因合谋的损失 W 越大，核查中核实的概率 P3 也越大，则

F/（R+F）P3会变小，即 $P2^*$ 变小。捐赠人核查概率P2低于 $P2^*$ 非营利组织才有可能合谋。

同理，由③式可知，只有当 $P2 < P2^*$ 时，税务部门会合谋，反之，则不合谋。因为，合谋损失N变大，致使 $P2^*$ 变小。因此，捐赠人加大对合谋的惩罚力度，是减少合谋的关键所在。

③如果F和H提高，则 $P2^*$ 也提高，捐赠人核查纳什均衡概率提高，要求P2大于 $P2^*$。表明第三方核查概率和查实概率都较高时，仍不能减少合谋。

2. 主要捐赠人和非营利组织管理层的合谋

在非营利组织委托代理问题的中，出现了新形式的委托代理问题，“出资人”和代理人侵害普通捐款人权益和用于公益的资源。这种情形在非营利组织缺乏监管的情况下时有发生。按照委托代理理论，非营利组织的委托人可以分为主要捐赠人（在英国称为实质捐赠人（substantial donator））、政府、普通捐赠人，若上述委托人之间产生利益冲突，会发生侵犯受益人的现象。尤其在匮乏监管制度的前提下，主要捐赠人或创始人——“出资人”（委托人）与非营利组织的管理层（代理人）可能会出现合谋滥用非营利组织资金的情形。

（1）博弈模型构建。

管理层和主要捐赠人（主要包括政府、基金会的捐资人等等）是否选择合谋的问题其实是一个相互博弈的过程，各自根据自己所获利益进行选择。博弈模型设计如下：

假设主要捐赠人占捐赠总额的比例为S，则其他捐赠人所占比例为（1－S），（0＜S＜1）；非营利组织的期望剩余（即组织所从事的营利性活动所获或非营利组织扣除各种费用后的剩余）为W，（W≥0）；管理层的固定收益为R，（R＞0）。因此，主要捐赠人和管理层都积极追求社会公益服务最大化时，主要捐赠人的效用函数为 UB = SW，管理层的效用函数为 Um = R。

假设管理层通过寻租侵占组织的剩余为 e（0 < e ≤ w）。设合谋时主要捐赠人可瓜分得 μe（S < μ < 1）；则管理层可得（1 − μ）e。设二者合谋被发现而受到惩罚的概率为 λ（0 < λ < 1），被发现后主要捐赠人所遭受的惩罚为 Pn（Pn > 0）；管理层所遭受的惩罚为 Pm（Pm > 0）；管理层遭受的声誉损失为 Lm（Lm > 0），主要捐赠人的声誉损失为 Ln（Ln > 0）。

根据上述假设，在主要捐赠人和管理层合谋的情况下，他们各自的效用函数为 UB = SW +（μ − S）e − λ（Pn + Ln）；Um = R +（1 − μ）e − λ（Pm + Lm）。

根据博弈模型设计，得出博弈的战略表达式，见表 4 − 2。

表 4 − 2　　主要捐赠人和管理层在合谋问题上的博弈

管理层和主要捐赠人		寻租	不寻租
其他捐赠人或税务机关	监督	SW − e，R − λ（Pm + Lm）	SW − e，R
	不监督	SW +（μ − S）e − λ（Pn + Ln），R +（1 − μ）e − λ（Pm + Lm）	SW，R

（2）模型分析。

在上述的博弈关系下，存在如下的数量和逻辑关系：

①因为 λ、Pm、Lm > 0，则 R − λ（Pm + Lm）< R；即当其他捐赠人和税务机关选择监督时，管理层会选择不寻租行为。

②因为 e > 0，则 SW > SW − e；即当管理层不存在寻租行为时，其他捐赠人和税务机关就不需要监督，这样捐赠人就选择不监督。

③（μ − S）e 表示双方合谋时捐赠人因合谋而得到的收益，λ（Pn + Ln）表示双方合谋时捐赠人因合谋而支付的期望成本。因此，只要（μ − S）e 大于 λ（Pn + Ln），就有 SW +（μ − S）e −

λ（Pn + Ln）大于 SW − e。当管理层选择寻租行为时，主要捐赠人就会选择不监督并转而与管理层合谋。

④（1 − ų）e 为双方合谋时管理层因合谋而得到的收益，λ（Pm + Lm）表示双方合谋时管理层因合谋而支付的期望成本。当（1 − ų）e > λ（Pm + Lm）时，有 R +（1 − ų）e − λ（Pm + Lm）> R。如果主要捐赠人愿意放弃监督并和管理层合谋，管理层会选择寻租和主要捐赠人合谋。

所设定的 λ 表示主要捐赠人和管理层合谋行为被发现而受到惩罚的概率。但在我国目前对非营利组织缺乏必要监管法规的情况下，λ 的值是非常小的，因为主要捐赠人有超强的控制权，完全有能力选择“自己人”进入非营利组织的管理层，尤其是我国多数非营利组织具有“官方身份”，不能完全独立于政府，政府主管部门与非营利组织容易产生合谋。将本应披露的信息屏蔽与其他捐赠人和社会公众的视野之外。在该博弈中，（ų − S）e 大于 λ（Pn + Ln）和（1 − ų）e 大于 λ（Pm + Lm）是成立的。该博弈的纳什均衡是：主要捐赠人放弃对管理层的监督并和管理层达成合谋。

委托代理理论从委托人和代理人的角度分析了非营利组织的委托人和代理人有追求个人利益最大化的动力和条件，而委托人和代理人的合谋以及税务部门被俘获的可能为非营利组织税收政策被滥用提供了可能。组织资金的缺乏、内部管理制度的欠缺、税务部门监管的不到位，使得非营利组织越来越成为逐利的组织。如果没有内部控制机制以及外部约束机制的相互配合，在坚持营利的非分配性和盈利用于公益性的前提下，虽然非营利组织与营利并不矛盾，监管制度的匮乏所造成的监管乏力就难以避免发生目标替代问题，即背弃公益宗旨而过度追求利润。甚至将营利作为唯一目标，不惜以损害社会公益目标为手段来获取自身经济利益，将非营利组织办成与营利企业毫无二致。现实中也相继出现了涉及民生的重点领域和公益领域资金被挪用和滥用的情况。据中纪委监察部网站公布的信息，综合分析中央纪委通报曝光的扶贫领域的案例，结合第三批重点督查的情况发现，涉案党员干部对中央要求置若罔闻，对纪律规定毫无敬畏，随意贪占扶贫资金。第三批督促共发现 173 个具体问题，截留挪用问题 38 个，占 22%；虚报冒领问题 29 个，占 17%，吃拿卡要问题 22 个，占 13%；优亲厚友问题 6 个，占 3%；挥霍浪费问题 30 个，占 17%。有的领导干部在扶贫工作中不担当、不负责，甚至严重失职失责，处理的人员中以“一把手”居多，共 400 多人，占处理人数的 48%①。农村扶贫是党和国家的底线任务，也是慈善活动的重要领域，是贫困人口实现脱贫的希望，是国家和民心所向，备受社会所关注，就是在这样重要领域和监管的高压下竟然屡屡出现问题。那么在监管制度缺失和监管相对薄弱的方面呢？2015 年 6 月 25 日，国家审计署发布了新中国成立以来首次对彩票行业资金状况的大规模审计报告。此次审计涉及 18 个省，228 个省市级彩票销售机构，以及 4965 个彩票公益金资助项目。共抽查彩票资金 658.15 亿元，占同期全国彩票资金的 18.02%。审计查出虚报套取、挤占挪用、违规采购、违规购建楼堂馆所等违法违规问题金额 169.32 亿元，占抽查资金总额的 25.73%。其中，在彩票公益金的使用方面，有 73 个单位通过编造虚假项目、提供虚假资料等方式，套取彩票资金 5.96 亿元。有 23 个彩票公益金资助项目被违规改变公益性用途，涉及金额 3.61 亿

① 中央纪委监察部网站 2017 年 5 月 18 日：“各级纪检监察机关加大监督执纪问责力度，为打赢扶贫攻坚战提供坚强纪律保障”。

元[1]。涉及问题的中国福利彩票中心其主管单位为国家民政部，而民政部是我国非营利组织的最高行政主管部门，作为主要监管者虽然为此付出了降职使用的代价[2]，却对公益尤其是具有政府背景的公益事业产生了极为不利的影响，由此造成的后果一方面是信任危机，另一方面也造成了社会资源的极大浪费。

4.2　英美税法对非营利组织滥用税收政策的规制

模型和理论分析验证了非营利组织各个参与方都有滥用组织资源的动机，现实中就有相当一部分非营利组织，实质上，是营利性的组织却并享受非营利组织优惠的税收待遇，从而扰乱公平的市场环境；或者通过非营利组织利益回馈等关联交易，变相地通过非营利组织转移资源且享受税收优惠。自 2005 年以来，美国对非营利组织执行了更加严厉的监管措施，2006 年国会颁布了《2006 年养老金保护法》（Pension Protection Act of 2006），其中对非营利组织做出了更加严格的规定。法律要求即使是最小的

① 《中国新闻周刊》2016 年 10 月 3 日总第 775 期。

② 中央纪委监察部网站：2017 年 2 月 8 日："民政部原党组书记、部长李立国和原党组成员、副部长窦玉沛履行管党治党政治责任不力被问责"。经中共中央批准，中共中央纪委对第十八届中央委员，民政部原党组书记、部长李立国和民政部原党组成员、副部长窦玉沛严重失职失责问题立案审查。经查，李立国同志作为民政部党组书记、部长，窦玉沛同志作为民政部党组成员、副部长，管党治党不力，严重失职失责，所辖单位发生系统性腐败问题。李立国同志的违纪事实，经中央纪委常委会会议研究并报中央政治局会议审议，决定给予李立国同志留党察看两年处分，由监察部报请国务院批准给予其行政撤职处分，降为副局级非领导职务；终止其党的十八大代表资格。给予其留党察看两年的处分。窦玉沛同志的违纪事实，经中央纪委常委会会议研究并报中共中央批准，决定给予窦玉沛同志党内严重警告处分；终止其党的十八大代表资格；提前退休。

非营利组织也要向IRS提交报告，同时对某些禁止性的交易行为处以两倍罚款，对某些类型慈善捐赠的税收抵扣实行了更为严格的法规。2008年，IRS对990表格进行了有效的修改，要求非营利组织填报年度信息申报表。这些变化起因于非营利组织的名声被滥用，尤其是毫无缘由地发给非营利组织高管巨额工资和津贴。这些问题导致国会听证会引起立法和IRS的行动，尽管这些滥用是少数非营利组织所为，却导致所有非营利组织不得不承担后果①。为避免滥用情况发生，完善非营利组织税法更为重要。英美两国税法针对这类问题进行监管，以避免非营利组织资源以及税收优惠政策被滥用。

4.2.1 税法对非营利组织关联交易的规制

从税收公平的角度上讲，非营利组织应将所获的资源给予应该得到帮助的受益人，而不能成为非营利组织通过关联交易的方式将所获资源为了避税而转赠关联方或相关的利益人。或者捐赠人与非营利组织合谋，捐赠人通过获得利益回馈的方式避税。

1. 英国税法对提供利益回馈给捐赠人的相关规定

当捐赠人捐款给慈善组织或社区业余体育俱乐部（CASC），组织会给捐赠人（或与捐款人相关联的人）一项“利益”回馈以感谢捐赠人。只要所获利益的价值不超过某些限制，该捐赠仍将享有捐赠扣除资格。如果所获的利益价值超过这些限定，该捐赠将不能享受捐赠扣除资格。慈善组织给予捐赠人的利益回馈是否合格，通过以下限定情形予以判断。

（1）与捐赠人相关联的个人是否从捐赠人所捐赠的组织中

① http：//www. irs. gov/Charities – & – Non – Profits/Pension – Protection – Act – of – 2006 – Revises – EO – Tax – Rules.

获取利益。与捐赠人相关联的人是指捐赠人的：妻子、丈夫或民事合伙人；亲属［兄弟、姐妹、祖先（例如奶奶）或者嫡系后裔（例如孙子）］；妻子、丈夫或民事合伙人的亲属；捐赠人控制下的公司或相关人控制下的公司[①]。

（2）如果捐赠与所获利益是相伴的，就要判断所获利益的价值是否超过捐赠利益规则的限定。与捐赠相伴的利益是指慈善组织利益回馈给捐赠人或捐赠人相关利益人。换句话说，就是捐赠人做出捐赠的事实和获得利益间有某种联系。对利益回馈价值，有两个限定条件适用于所获利益回馈价值的计算，即回馈利益价值的“相关价值”测试和“总价值”测试。相关价值测试是指对特定数量的捐赠设立最大可获利益价值；总价值测试是指不但要通过以上的相关价值测试，所获利益必须也要通过总价值测试。总价值测试指由同一个捐赠人在一个纳税年度对同一个慈善组织进行不止一次捐赠所获利益回馈的总价值。对于在2007年4月6日至2011年4月5日期间的捐赠的利益回馈的总价值不能超过500英镑，而2011年4月6日之后捐赠的利益回馈总价值不能超过2500英镑。具体的限定见表4－3。

表4－3　捐赠人获得非营利组织利益回馈数额限制表

<table>
<tr><th colspan="2">捐赠数额</th><th>回馈利益的最大价值（或总价值）</th></tr>
<tr><td colspan="2">0－100英镑</td><td>捐赠的25%</td></tr>
<tr><td colspan="2">101－1000英镑</td><td>25英镑</td></tr>
<tr><td rowspan="2">1001英镑以上</td><td>在2007年4月6日至2011年4月5日</td><td>捐赠额的5%（最多是500英镑）</td></tr>
<tr><td>2011年4月6日之后</td><td>捐赠额的5%（最多是2500英镑）</td></tr>
</table>

① HM Revence & Customs Publications guidance Annex Ⅷ：tained charity donation, Published：17 September 2013.

判断的最基本原则是，如果任何捐赠人或者与捐赠人相关联的个人，捐赠所获利益回馈超过上述限额，那么捐赠将不会有资格获得捐赠扣除①。

2. 美国税法对超额利益交易的规制

美国税法就“超额利益交易（excess benefit transactions）”做出明确的规定。超额利益交易是由免税组织直接的或间接提供给予或用于不当个人的经济利益，或由免税组织提供利益回馈给捐赠人经济利益的价值超过组织接受捐赠的价值。除此而外，如果免税组织的支持组织（supporting organization）通过补贴、贷款、补偿费或者将同样的利益给予免税组织的实际捐赠者，以上情形就是超额利益交易。所赋予利益的总额就是一项超额利益并且是应税收入。超额利益常常发生在其他补偿利益交换中，如免税组织给予无资格个人利益回报，或者在无资格个人和免税的组织之间的财产交换②。无资格个人（disqualified person）是指在纳税追溯期间的任何期间对免税组织的事务能够行使实质影响的任何个人。他（她）不是已经行使了实质性的影响，仅仅是他（她）有能力这样做即是无资格的个人。无资格个人的家庭成员和由无资格个人控制的实体也是无资格个人。控制是指在企业中拥有超过35%选举权、在合伙企业或信托公司中拥有超过35%的股份。

美国税法对可能产生关联交易的支持类组织（Supporting Organizations）③ 也进行了监管。支持类组织是指组织通过支持其他免税组织尤其是其他公共慈善组织来行使它们的免税目标。支

① http：//www. hmrc. gov. uk/charities/gift - aid/benefits. htm#4.

② Department of the Treasury Internal Revenue Service Publication 557：Tax - Exempt Status for your Organization（Rev January 2017）Cat. No. 46573C，page 59 - 64.

③ 同上，page 41 - 42。

持类组织最重要的特征就是同其所支持的组织有非常紧密的联系，这种紧密的联系使得支持类组织能够管理被支持组织的运营。税法要求，同所有的慈善组织一样，支持组织必须按照 501（c）（3）条款所规定的目的来组织和运营，并完全支持特定的被支持组织，而且支持组织与被支持组织必须具备以下三者之一类型的联系，所有这些联系都是为了确保支持类组织是对被支持组织的需求和要求负责并深入其运营。第一种类型：支持组织与被支持组织存在控制、监管和运作；第二种类型：支持组织与被支持组织的监管和控制相联系；第三种类型：支持组织与被支持组织的运作相联系。因为第三种类型与第一和第二种类型相比不太正式，第三种类型的组织必须要通过有应答的测试以及整体部分测试。测试设计的目的是为了确保支持组织对公共慈善需求的反映以及公共慈善组织对支持组织运营的监控。支持组织尤其不能直接或间接地由无资格个人所控制。一些出资人为了个人利益鼓励个人筹建并运营支持组织，这种滥用交易的一个共同特点是给予支持组织一定数量的捐赠，同时给予捐赠人所提供捐赠一定数量返还，并经常通过贷款的形式。为了掩饰这种滥用，这种交易也许会通过由出资人实际控制的多个中间组织的运作。由于这些滥用，国会对这些支持组织施加额外的限制。当免税组织的部分净收益是为了确保私人利益，组织将会失去免税资格。除此之外，还会向其无资格个人和组织管理者征收工商税。

在一项超额利益交易中，财产估价通常采取的规则是将财产使用权的价格作为公允市场价值。一项超额利益交易所发生的时间为丧失资格的个人从免税组织为了联邦所得税目的所获的经济利益时间。当然，当一个单一的合同条款对一系列的报酬支付或在丧失资格个人的纳税年度内的其他时间支付给丧失资格个人的任何超额利益，按照这些支付发生在丧失资格个人纳税年度的最后一天为超额利益发生时间。

超额利益交易中免税组织是否作为禁止避税交易的一方，免税组织必须向 IRS 披露下列信息：即组织是否被列为禁止避税交易的一方；参与交易的其他方身份是否为免税组织所了解。如果组织因为具有免税、税收中立的或税收优惠的地位而被确认为禁止避税交易等等，免税组织将被确定为禁止避税交易的一方。组织要通过表格 8886 – T 来披露这类交易，如果组织未能及时披露这类交易，将被处以每天 100 美元的罚款直至最高的 5 万美元的罚款额①。

4.2.2 税法对实质捐赠人的规制

英国税法规定，个人或公司在慈善组织税务年度期间（即 12 个月内）向慈善组织捐赠可抵扣捐赠数额最高为 2.5 万英镑或者在慈善组织六个税务年度期间内捐赠可抵扣捐赠额最高为 10 万英镑，则为慈善组织的实质性捐赠人（substantial donor）。实质性捐赠人也包括与捐赠人相关的个人，这些相关人由 1988 年所得税法第 839 款定义，例如捐赠人的配偶或亲属、捐赠人的亲戚的配偶、捐赠人配偶的亲属（所有的所指的“配偶”也可以解读成民事合伙人）。

一旦个人在一个特定的应税期间成为慈善组织的实质性捐赠人，在下一个 5 年的应税期间也被视为实质性捐赠人。由一个或以上的慈善组织所完全拥有的下属公司不能被视为与慈善组织拥有相关联的实质性捐赠人，这就允许慈善组织完全拥有的贸易下属公司以捐赠扣除的方式将他们的利润捐给上一级慈善组织

① Department of the Treasury Internal Revenue Service Publication 557: Tax – Exempt Status for your Organization (Rev January 2017) Cat. No. 46573C, page 64.

(parent charity) 而不会受到实质性捐赠人相关法规的约束。

英国税法规定，以下的交易行为将会被立法所关注。(1) 由慈善组织出售或出租财产给一个实质捐赠人；(2) 由实质捐赠人出售或出租财产给慈善组织；由慈善组织提供服务给实质捐赠人；(3) 由实质捐赠人提供服务给慈善组织；慈善组织和实质捐赠人间互换财产；(4) 由慈善组织提供财务援助给实质捐赠人；(5) 由实质捐赠人提供财产援助给慈善组织；(6) 由慈善组织投资于实质捐赠人的商业活动；(7) 慈善组织支付报酬（包括非现金的利益）给一个实质捐赠人。慈善组织与实质捐赠人（包括与实质捐赠人相关联的人）被立法所关注，慈善组织就可能被处理发生了非慈善费用，这取决于慈善组织在交易期间或为了具体的交易目的对实质捐赠人所做的支付，该支付也许被处理为非慈善费用。一项与实质捐赠人发生交易的项目，对慈善组织产生不利的因素使这项交易也许被视为关联交易，慈善组织所花费在该项目上的与公允价值间的差额（由 HMRC 所决定）被处理为非慈善费用①。

4.2.3　税法对影响立法和参与政治活动的规制

美国税法对非营利组织参与影响立法以及参与政治活动加以限定。从免税组织的公益性来看，免税组织影响立法活动以及政治活动都不是公益性的活动范畴，有违组织的公益宗旨；另外如果允许免税组织参与立法的游说和政治选举，因为其公益性宗旨的广泛影响力，就容易误导公众对立法和政治选举的偏向性，进而影响立法的公正和选举的公平。

---

① HM Revence & Customs Publications guidance AnnexII: non - charitable expenditure, Published: 17 September 2013.

1. 对政治活动的限制

美国税法规定所有的501(C)(3)组织是绝对地禁止直接或间接地为了（或者是反对）任何竞选公职的选举人的利益参与或涉足任何政治活动。捐赠给政治活动的资金或由组织支持竞选的公开声明（口头的或书面的）或者反对竞选公职的候选人，这些行为是明确地违反禁止参与政治竞选活动。违背的结果也许是拒绝赋予或取消免税地位以及征收非营利组织管理人员工商税。IRS执行严格的检查程序禁止501(c)(3)组织对政治活动的干涉。除了有正常审计免税组织的程序，IRS还推动特定的程序制止501(c)(3)组织参与潜在的政治活动。这些制止程序的目标有两个。第一，教育501(c)(3)组织禁止参与政治活动并用可执行的程序告知以便阻止；第二，为了不再复发或在相关的选举前发生，纠正并处理行为不符合的组织①。

2. 对参与立法游说活动的限制

通常情况下，如果组织参与了实质性活动试图影响立法（也就是通常所说的游说），该组织也许无资格获得免税组织地位。免税组织也许从事某些游说立法活动，包括国会、任何州的立法、任何地方议会或同样的监管主体的立法行为，有关立法、法案、决议或类似的项目或由公民投票、投票法案、宪法修正或同样的程序。对游说活动有两方面的测试：实质部分测试和费用部分测试②。

（1）实质部分测试。如果一个组织意图影响立法，如游说构成组织所有活动的实质部分。IRS会考虑以下事实加以判断，

① Department of the Treasury Internal Revenue Service Publication 4221 – pc: Compliance Guide for 501 (c) (3) Public Charities, page 4 – 8.

② Department of the Treasury Internal Revenue Service Publication 5180: Exempt Organization page 12 – 14.

包括贡献的时间（包括有偿的和志愿者工作的时间）以及由组织贡献给活动的费用。在判断是否为实质性从事游说活动时，要考虑上述问题。在实质部分的测试下，一个组织在任何纳税年度内从事过度的游说也许要失去免税地位，结果是要对所有收入纳税。除此之外，教堂和私人基金会要在失去免税资格的当年，对其游说费用征收5%的工商税。同时，还要向组织的经理、同意花费这些费用并知道可能导致失去免税地位的合伙人或服务人征收当年游说费用5%的税款①。

（2）费用测试。501（h）款的组织也许选择费用测试作为测量游说活动的方法。在费用测试下，组织的游说活动将不会危及它的免税地位，如果费用与这类活动相关，不超过税法4911款所规定的数量就不会影响免税地位。组织选择适用费用测试必须填报表格5768。在费用测试下，一个组织超过4年从事过度游说活动也许失去免税地位，并对游说期间的所有收入纳税。如果组织在一个特定的年份中超过游说费用限定，它必须对所超出部分按照25%缴纳工商税②。

对非营利组织参与政治活动和影响立法活动的限定更加符合美国的国情。对我国的借鉴意义在于：第一，免税组织不能够参与与公益宗旨不符的活动；第二，出于组织的独立性的角度考虑，免税组织不能成为政治或政府的附属物，以淹没了组织的公益宗旨。其核心问题还是在于保持免税组织的公益宗旨。另外它体现了税法的横向公平，美国税法对免税组织的税收政策是组织本身免税而且捐赠人（个人和公司）也享受免税待遇。而对于

① Department of the Treasury Internal Revenue Service Publication 5180: Exempt Organization page 14.

② 同上。

同属于非营利组织范畴的政治组织，仅仅是组织本身能获得免税，其捐赠人则不予免税。

4.2.4 强制性的披露制度和严厉的惩罚措施

一般说来，对于非营利组织监督可以分为外部监督和内部监督两个方面。外部监督又分为国家监督和社会监督[①]。国家监督主要是指财政、税务和国家审计部门的监督。社会监督包括捐赠人、社会公众、会计师事务所等社会力量的监督。内部的财务监督主要是指非营利组织内部成立的财务监督委员会、内审部门、内部控制委员会等内设机构。内外监督得以实现的前提是信息的充分披露。因为“信息不对称的两个典型后果是逆向选择和道德风险，解决逆向选择问题的一个方法是信号传递”[②]。非营利组织在信息披露的问题上，因其成员利己主义经济人的特征，从而选择对组织有利的信息进行披露，而尽量回避不利于自己和组织的信息，特别是委托代理关系中委托人—出资人的“缺位”，为代理人—非营利组织的管理层操纵会计信息提供了便利的条件。哈佛商学院里贾纳·E. 赫茨琳杰认为在非营利组织信息披露管制问题上，非营利组织缺少商业领域的强制性责任机制，要有规则对其加以监督，促使其完成社会使命的高效率、高效益和承担责任。她在借鉴证券交易监管经验的基础上，构造了 DADS 法的解决方案，要求非营利组织加强向大众披露、分析和发布有

① 李春艳：“浅析会计监督的内容及作用”，《科技信息》（学术研究），2007 年第 6 期。

② 程博：“非营利组织信息披露系统体系设计”，《情报杂志》，第 31 卷第 1 期，2012 年第 1 期。

关自身工作表现的信息，同时惩罚不遵守上述要求的组织[①]。在这种意义上，外部和内部的监督实现的手段必然要通过法律的规范，以法律的强制力一方面迫使非营利组织按照法律所规定的财务信息披露规范要求进行披露，另一方面也为内外的监督机构监督提供了标准和执行的依据。从非营利组织信息的使用者角度上来看，国家或政府使用非营利组织的财务信息主要是看国家所给予的财政资金是否有效和真正用于组织的宗旨活动。在非营利组织与政府、捐赠人等形成的委托代理关系中，非营利组织所运营的是捐赠人和政府等其他出资人的财产，从委托关系的角度上讲，承担社会公益目标的非营利组织就应该对捐赠人和政府公开运营和财务信息。非营利组织财务信息的有效披露，可以让捐赠人了解所提供的资源何时被使用、被使用在何处、被使用的效率，也可以对非营利组织起到监督的作用，而且可以正确评价受托人完成受托责任的能力，促进委托代理双方的合作[②]。

如美国在税收立法上对免税组织（尤其是公共慈善组织）信息进行特别规定，要求在公开的报刊、网站等公共媒体予以公布，提升了真正服务于公益的非营利组织的可信性。美国税法除了要求免税组织披露 990 系列表格外，免税组织要披露组织反映运营情况的 1023 和 1024 等一系列表格，以监督组织是否有滥用税收政策和违背组织公益宗旨的活动。在税法 6652(c)(1)(A)款下，未能及时、完整或准确填报表格 990 或 990 - EZ，组织将被处以每天 20 美元罚款，罚款最高限额不会超过 10000 美元或者年度总收入的 5%，罚款金额取决于两者哪一个较低。年度总

① 程普武，纪纲："非营利组织信息披露机制：一个理论框架"，《财贸研究》，2008 年第 4 期。

② 郭云生："从受托责任观视角看我国非营利组织会计信息披露"，《会计师》，2009 年第 5 期。

收入为100万美元以上的组织未能完成填报表格，将会被处以每天100美元（对于任何一个申报表的最高罚款为5万美元）的罚款。当然，如果组织能够给出一个合理的未填报或延期的理由，IRS可以考虑不予罚款①。

如果组织没能填报完整的申报表或没有提供正确的信息，IRS会发给组织一封指定时间内完成填报要求的信函。在指定修正期满后，未能完成填报的人员将被处以每天10美元的罚款，对未能完成填报任一申报表所有人员的最高罚款不会超过5000美元。对于向IRS故意不填报申报表和填报欺诈内容申报表的惩罚包括罚款和入狱，州政府也可以施加额外的惩罚。法律要求除了教会之外的大多数免税组织要向IRS填报表格990、990-EZ、990-N或990-PF，如果一个组织连续3年未能向IRS填报年度申报表或提交所需的公告，它将自动失去其免税地位。组织失去免税地位也许要填报所得税申报表并缴纳所得税。美国税务局数据库的资料显示，2011年度与2010年度相比，因连续3年未能填报合格的990系列表格，有385000个组织失去了免税地位②。

公众可以向免税组织购买上述信息，也可以轻易地免费从联邦政府获得。组织提供这类信息时，该信息报告要是易于理解和容易识别的。如果组织故意漠视该要求，未能提供符合要求的报告，就会被处以每天1000美元或者是组织所提供信息总成本50%的罚款。

① Department of the Treasury Internal Revenue Service Bulletin No. 2006 - 31 July 31, 2006.

② Internal Revenue Service Data Book, 2011.

4.2.5　非营利组织的税务检查制度

作为非营利组织税收制度得以贯彻执行的美国国内税务局和英国税务局，具有对非营利组织进行税务检查（或审计）的权力。其完善和专门针对非营利组织制定的检查制度有效地防止了以下情形：慈善或免税组织利益相关人之间的过度利益交易、事实上的游说、参与地方、州或联邦政府选举人的政治运动；资产和收入非法地增进董事会成员、官员、主要管理人员或其他内部人的财富；无理由地推进非免征目的（例如使私人利益受益的目的）的活动；运营与组织的免税目的无关的贸易或商业活动为其主要目的；从事非法或违背基本公共政策等活动的发生。并对上述滥用行为进行纠正和处罚，有效地防范和制止滥用行为的发生，提高了非营利组织的公益性，增强了非营利组织的公信力，从而促进本国非营利组织健康发展。

第5章

我国非营利组织现行税收政策分析

从法理上讲，税收的法定主义原则要求使合法性居于首位，税法的公平原则，实现了税法实质上的公平与正义①。本章将以税收法定主义原则和公平原则为我国非营利组织税收政策评判的标准，在梳理有关我国非营利组织税法体系现状的基础上，探求我国非营利组织税收政策所存在问题和不足，为我国非营利组织税收政策整体框架的构建奠定基础。

5.1 我国非营利组织现行税收体制分析

从狭义的税权角度上讲，税收体制是国家税权在国家机关之间如何分配的一系列制度，

① 钱俊文：《国家征税权的合宪性控制》，法律出版社 2007 年版，第 232 页。

调节税权分配的法律规范，总称税收体制法。它主要包括税收立法体制和税收征管体制。

5.1.1　我国税收立法权现状及其对非营利组织的影响

我国的税收立法权的分配可以从横向和纵向两个方面来考察。按照横向分配的角度来看，我国的行政机关和立法机关共同享有税收立法权，尤其是行政机关（指国务院、财政部和国家税务总局）所制定税法数量超过全国人大及其常委会制定的数量。我国非营利组织的相关税法，除所得税法，大多由授权的行政机关所制定。行政机关制定税法的优势可以更多地考虑行政机关执行效率以及税法的实施效果。可是行政机构立法的过程中过多地考虑了部门的利益，制定的税法过多的为“一事一议”或者是“打补丁”式的出台补救性的具体政策，没能将非营利组织从总体上考虑，使得我国非营利组织的相关税收政策总体性和全面性考虑不足，且在不同程度上有违税法的公平性。如我国有关非营利组织相关的法律中充分地体现某些部门的利益，税收实体法中对教育、科技、科研、医疗等几方面的税法优惠较多，而较少地考虑其他公益方面的税收立法。

如果严格按照税收法定主义要求，中央政府部门税收立法权过多，是有违法律保留原则的。具有侵权性质的税法理应由立法机关掌握，否则至少从理论上讲会侵犯国民财产权，也与我国所倡导的依法治税的要求相悖。按照我国立法法的要求，有关基本经济制度以及财政、税收、海关、金融和外贸的基本制度必须制定法律，这也是大量学者诟病我国非营利组织的立法层级太低，以致出现税法之间、税法与其他法规和制度之间出现矛盾或无法协调的情况发生。行政机构既是立法机构也是法律的执行和审判机构，造成行政权力的法律泛化，有违法律的正义和公平，增加了税法执行和遵从的成本。行政法规过多，致使非营利组织税法没有形成比较完善、统一的非营利组织税收体系。而且在税收实体法中多以行政主管部门的行政审批为获得相应税收政策为前提，致使大量具有相同宗旨活动的非营利组织因无法找到业务主管部门而失去获得同样优惠的税收政策。行政机构立法致使行政权力延伸到法律而出现法律工具主义，主要危害是行政权力通过法律的形式体现，法律成为行政部门权力的工具，行政部门由此成为寻租对象。况且，由行政机关制定更多涉及税收优惠政策的非营利组织税收立法，为行政机关被俘获和权力的滥用，提供了便利和可能。因为“国家税收问题上，行政机构如果拥有决定权，而不仅仅是赞同权，自由就将不复存在。因此，在这个最重要的立法事项上，行政机构变成了立法机构……再则，一旦握有一种永久性的权力，这种权利究竟是自身固有抑或他人授予，那就无关紧要了”①。

非营利组织立法中所出现的这类问题，将在下面的税收实体法分析中随处可见。由于我国的政治体制实行的是集权模式，我国税收立法权的纵向分配全部集中于中央，地方没有税收的立法权，同样在非营利组织的税法中得以体现。

5.1.2 我国税收征管体制及其对非营利组织的影响

按照税权的分配，税收征管体制的核心内容就是在相关的国家机关之间进行税收征管权的分割与配置②。根据国务院《关于实行分税制财政管理体制的决定》，我国的税收被分为中央税、

① 【法】孟德斯鸠：《论法的精神》（下卷），许明龙译，商务印书馆 2010 年版，第 174 - 175 页。

② 张守文：《财税法学》（第二版），中国人民大学出版社 2010 年版，第 205 页。

地方税和共享税以及关税。国家税务局（简称国税局）负责征收中央税以及共享税，地方税务局（简称地税局）负责征收地方税，海关负责征收关税及进口环节增值税、消费税的征管。按照现有的国税局和地税局负责征管税种所涵盖的范围，非营利组织要接受国税局、地税局以及海关的征管。由于非营利组织的非营利性不同于企业，对非营利组织的税收征管权应该属于国税还是地税是一个比较难以确认的问题。我国现行税法中既没有明确非营利组织的税收管辖权的权属，也没有像英美两国在税务系统内部设有单独管理非营利组织的税务机构。税法上缺乏明确的规定，又没有专业独立的非营利组织税务管理机构，增添非营利组织税收征管的难度。如果我国参照英美等国税法，出于加强对非营利组织税收征管的要求，在税务系统内部增设一个专门负责非营利组织税收征管部门，按照我国税务部门现有的权限划分，是将其置于国税局更好还是地税局为佳呢？另外，对于全国性非营利组织的税收征管，是否放在国家税务总局比较合适？

在非营利组织税收征管权的分割和配置后，还涉及非营利组织的税收入库权的分配，税收入库权是附随税收征管权的权力。我国非营利组织在现有的税收征管体制下，所产生的税收收入的入库应为地方金库和中央金库。在考虑单独设置非营利组织的税收征管机构的前提下，就要明确非营利组织的税收收入到底是应归于中央还是地方金库，还是根据受益的范围或征管机构的权属来决定入库权的归属。非营利组织税收征管权和入库权的权属分配问题，需要在税法中得以明确，这样能有利提高非营利组织的税收征管的效率，为非营利组织有效履行税法提供税收管理的便利。

5.2 我国非营利组织税收征纳法分析

5.2.1 我国税务管理制度对非营利组织的规定及分析

税务管理制度包括税务登记制度、纳税申报制度、海关监督管理制度、账簿凭证管理制度以及涉税发票管理制度等。在我国当前的税务管理制度中，主要是针对我国营利性组织所设计和制定，鲜有针对非营利组织的税务管理制度，并且现行的税务管理制度中，对非营利组织的税务管理制度没有考虑到非营利组织的特点，制定适合非营利组织的税务管理制度。理论和实践表明，对于非营利组织只有通过内部和外部完善的监督和管理制度，才能判定非营利组织、捐赠人的资源是用于公益还是用于其他，因而制定完善的税务管理制度，既能够为税务机构和委托人监管提供法律依据，也为税务机关判断所赋予的税收政策是否合适提供依据，也符合税收的法定主义原则。

1. 我国非营利组织的税务登记制度及其问题

(1) 我国非营利组织税务登记的前提及问题。按我国现行税法，非营利组织要取得企业所得税法所认可的非营利组织，其首要前提是要取得法人地位，否则将无法获得税法认定的非营利组织地位，因而在讨论非营利组织税务登记制度前，有必要探讨非营利组织如何获得法人地位。

①我国非营利组织法律地位的确认。我国税法中明确提出“非营利组织”概念，出现在企业所得税法及其实施条例中。财政部、国家税务总局 2009 年颁布的关于非营利组织免税资

格认定管理有关问题的通知中（财税〔2009〕123 号文件[①]）将非营利组织确定为事业单位、社会团体、基金会、民办非企业单位、宗教活动场所以及财政部、国家税务总局认定的其他组织。该规定以取得上述民法所规定的“身份”为取得免税地位非营利组织的首要前提，即如果没有取得事业单位、社会团体、基金会、民办非企业单位、宗教活动场所等民法所认定的“身份”，就只能依靠财政部、国家税务总局来进行认定，才有可能成为我国企业所得税法规定的非营利组织。

我国现行《社会团体登记管理条例》的第二条、第三条和第四条给出了登记成为社会团体的几个必要条件，即应当经其主管单位审查同意，社团不得从事营利性经营活动，社团应当满足法人条件才能成为社会团体。《民办非企业单位登记管理暂行条例》规定，要经过业务主管单位审查同意，不得从事营利性经营活动，登记管理机关负责其登记管理等条件。《基金会管理条例》要求成立基金会要以从事公益事业为目的，按规定成立的非营利性法人。同样，成为事业单位也需要成为法人和为了公益目的，而宗教事务条例规定宗教团体的成立、变更和注销，应当依照《社会团体登记管理条例》的规定办理登记。可见要成为民政部门认定的组织最关键的要件是，登记成为法人、经过业务主管部门的审查以

① 该文件已经于 2013 年 1 月 1 日废止，由财税〔2014〕13 号：财政部、国家税务总局关于非营利组织免税资格认定管理有关问题的通知所取代，首次对非营利组织进行进一步解释的法规是财税〔2009〕123 号文件，故此处仍提到该文件。另外，通过对财税〔2009〕123 号文件、财税〔2014〕13 号文件的对比，财税〔2014〕13 号解除了对非营利组织活动范围在中国境内的限定，其他条款没有进行任何更改。

及不能从事营利性活动[①]。

按照民法规定非营利组织要获得法人资格，主要是通过登记来获得，如民办非企业单位和基金会。但对于社团和事业单位获得法人资格有两种途径，除了按民法登记而成为法人外，另一种是不需要办理法人登记成为法人，不需要办理法人登记而成为法人的社团和事业单位，“由国务院机构编制管理机关核定，并经国务院批准免于登记的团体以及参加中国人民政治协商会议的人民团体不属于社会团体管理条例规定的登记范围”。而在非营利组织法人登记前，要通过主管业务部门的审核，只有通过主管业务部门的审核，才可以去工商管理部门登记为法人。

2016年3月16日第十二届全国人民代表大会第四次会议通过《中华人民共和国慈善法》(以下称《慈善法》)，自当年9月1日开始实施。按照《慈善法》第10条的规定，慈善组织在满足条件的情况下，一种方式是可以通过县级以上人民政府民政部门认定，直接登记为慈善组织；第二种是已经设立或

① 2016年5月民政部开始对《社会团体登记管理条例》《社会服务机构登记管理条例》《民办非企业单位登记管理暂行条例》《基金会管理条例》进行修订草案征求意见。按照修订草案，社会服务机构中的科技类和公益慈善类以及社会团体中的科技类、公益慈善类、社区服务类以及行业协会商会不通过业务主管部门，直接经过民政部门即可进行登记，成立其他类的社会服务机构和社会团体仍然需要经过业务主管机构和民政部门的双重登记。基金会在修订草案中没有明确规定哪类基金会可以不经过业务主管部门直接到民政部门登记即可取得法人资格，也就是说大量的基金会成立还是需要双重登记。可见，征求意见稿中公益慈善类的非营利组织不需要业务主管部门认定，其他类的非营利组织仍需要由业务主管部门认定方可。修订草案可以减少部分社会团体和社会服务机构经过业务主管部门审核，但是容易造成民政部门在认定过程中的推诿扯皮——民政部门在认定不清的情况下容易让非营利组织找相应的业务主管部门认定，以减少自己的认定风险，同时业务主管部门认为经民政部门直接认定即可，令申请的非营利组织左右为难，无所适从。

者先申请设立社会团体、基金会以及民办非企业单位（《慈善法》中定义为社会服务机构）等非营利性组织，在满足条件的情况下再向登记的民政部门申请认定[①]。《慈善法》的颁布实施，为无法成为社会团体、基金会、民办非企业单位的组织和未登记的非营利组织敞开了申请认定的大门。申请成为慈善组织要满足的主要条件为以开展慈善活动为宗旨和不以营利为目的[②]，申请认定的主管部门为县级以上人民政府民政部门。民政部令第 58 号公布《慈善组织认定办法》（以下称《认定办法》）进一步明确《慈善法》公布前设立的基金会、社会团体以及社会服务机构申请成为慈善组织具体认定办法。

②我国非营利组织法律地位确认中存在的问题。结合民法、《慈善法》以及税法中关于非营利组织的规定，存在以下的问题：

其一，慈善组织和税法中所指非营利组织登记设立协调不足。按照《慈善法》的规定，组织可以直接申请登记成为慈善组织，由民政部门认定。这一规定确实为无法成为税法规定的非营利组织提供了申请登记设立的途径，但是在《慈善法》及其相关实施规定中，申请登记慈善组织在没有具体认定细则并具有操作标准的前提下，实际上是赋予了行政机关（民政部门）过多的自由裁

① 《慈善法》第十条：设立慈善组织，应当向县级以上人民政府民政部门申请登记，民政部门应当自受理申请之日起三十日内作出决定。符合本法规定条件的，准予登记并向社会公告；不符合本法规定条件的，不予登记并书面说明理由。本法公布前已经设立的基金会、社会团体、社会服务机构等非营利组织，可以申请认定为慈善组织，民政部门应当自受理申请之日起二十日内作出决定。符合慈善组织条件的，予以认定并向社会公告；不符合慈善组织条件的，不予认定并书面说明理由。

② 《慈善法》第九条：慈善组织应当符合下列条件：（一）以开展慈善活动为宗旨；（二）不以营利为目的；（三）有自己的名称和住所；（四）有组织章程；（五）有必要的财产；（六）有符合条件的组织机构和负责人；（七）法律、行政法规规定的其他条件。上述的条件中，（一）（二）条件需要登记阶段审查，其他五项为一般登记条件，无须认定前审查，只要进行核实即可。

量权，按照委托代理理论，过多的自由裁量权在缺乏相关监督制度的情况下易发生腐败或寻租。另外，过于宽泛的慈善组织申请设立制度是否致使一些新成立的非营利组织完全可以绕开双重登记的社会团体、基金会和民办非企业单位的组织形式，改为直接认定成为慈善组织。在直接登记认定慈善组织条件比较原则化①的情形下，不同的民政部门认定的直接登记的慈善组织标准其实难以做到统一，容易造成同样性质的非营利组织在不同的民政部门也许得到不同的登记认定结果。一方面造成该类性质相同的非营利组织或许受到不公平的待遇，另一方面，其他类非营利组织［指社会团体、基金会、社会服务机构（民办非企业单位）等组织］登记或申请成为慈善组织却受到多层的审核，容易造成与新设立登记并较为容易认定为慈善组织的组织之间产生不公平待遇。

其二，非营利组织取得法人资格的双重登记制度阻碍了税法公平。税法中规定的几类非营利组织要具备法人资格，必须经过双重登记制度，既要向业务主管部门登记，又要进行法人登记或者经国务院批准成立，这也就是历来为学界所诟病的“双重登记制度”。双重登记制度即增加了登记的成本又增加了审查的成本，也浪费和占用行政资源②。严格的行政许可制度使得一些非营利性的公益

① 这里的原则化是指按照《慈善法》认定慈善组织所能依靠的最主要的两个条件是以开展慈善活动为宗旨和不以营利为目的，没有更为具体的指导性细则。

② 当然，在当前信息技术飞速发展的时代，中央政府积极推行简政放权、“单一化窗口管理”等管理模式，政府各部门之间实现信息的共享是可以减少这种审查成本和行政资源的浪费，为非营利组织降低成本。2017 年 2 月中央编办（国务院审改办）发展改革委、公安部、民政部、工商总局发布关于实行行政审批中公民、企事业单位和社会组织基本信息共享的通知，通知要求统一社会信用代码，以实现各行政管理部门的信息共享。但这种信息共享在非营利组织的发起阶段仍绕不开主管业务部门这一环节，办理登记的非营利组织在相关手续不齐全的情况下，也无法实现统一信用代码登记。

组织因为无法找到业务主管部门或者是根本不能满足非营利组织法人登记的条件，这些组织或者向工商管理部门登记成为企业或者不进行登记而成为“非法”组织，这些组织就是分类中的未登记或转登记组织。在《慈善法》出台之前，这些组织不能成为税法中所要求的组织形式，也就不能享受非营利组织应该享有的税收优惠政策，有违税法公平原则。《慈善法》出台之后，解决了已经登记为非营利组织（指社会团体、基金会、民办非企业单位）申请为慈善组织的问题，但没有对已经转登记和未登记非营利组织申请为慈善组织进行进一步明确规定，在《慈善法》之前成立的这类组织似乎仍然无法解决其官方身份的问题。

其三，民办非企业单位尚未有明确的法律法规更名为社会服务机构，《慈善法》中所称的社会服务机构也没有具体的指向，社会服务机构的指代有待相关法律法规的明确。

（2）我国非营利组织税务登记制度及其问题。

①我国非营利组织税务登记制度。在我国，“官本位”观念盛行，组织取得合法或官方认可的身份是非营利组织取得社会公信力、避免不当干扰、取得社会资源的重要条件[①]。现行税法[②]要求非营利组织必须按照《税收征收管理法》（以下称《征管法》）及其《实施条例》等有关规定，办理税务登记。按照《征管法》第十五条规定，“……从事生产、经营的事业单位自领取营业执照之日起的三十日内，向税务机关办理税务登记。税务机关应当自收到申报之日起三十日内审核并发给税务登记证件”。《征管法》实施细则中没有有关非营利组织登记的详细规定。按

① 陈金罗、葛云松等著，《中国非营利组织法的基本问题》，中国方正出版社 2006 年版，第 27 页。

② 财政部、国家税务总局：《关于非营利组织免税资格认定管理有关问题的通知》，财税〔2014〕13 号。

照《征管法》有关税务登记要求，仅是从事生产、经营事业单位并取得营业执照才能够进行税务登记，《征管法》侧重于经营类的企事业单位，因非营利组织中社团、民办非企业单位以及基金会成立条件中明确规定不得从事营利活动，故社团、民办非企业单位以及基金会不满足《征管法》的税务登记条件。除了经营类事业单位要进行税务登记，仅能按照《征管法》第十一条发生纳税义务之日起的30日内，向纳税义务发生地税务机关申报办理税务登记。2015年3月1日起实施修订后的《税务登记管理办法》第一章第二条规定："企业，企业在外地设立的分支机构和从事生产、经营的场所，个体工商户和从事生产、经营的事业单位，均应当按照《税收征管法》及《实施细则》和本办法的规定办理税务登记。前款规定以外的纳税人，除国家机关、个人和无固定生产、经营场所的流动性农村小商贩外，也应当按照《税收征管法》及《实施细则》和本办法的规定办理税务登记。"在第二章设立登记第十条第三款中规定："从事生产、经营的纳税人未办理工商营业执照也未经有关部门批准设立的，应当自纳税义务发生之日起30日内申报办理税务登记，税务机关发放临时税务登记证及副本"，新修订的税务登记管理办法其实质与《征管法》及其实施细则是一脉相承，仅是在设立登记的环节增加了未办理工商登记以及未经批准设立的组织的税务登记要求，但这一要求还是建立以发生纳税义务为前提。由此可知非营利组织的登记问题分为两种情况：其一是从事经营的事业单位在申报成立之日就可以申请税务登记；其二是社会团体、民办非企业单位以及基金会等非营利组织在纳税义务发生的30日内申请登记。但未能从根本上解决非营利组织中转登记、未登记这一类组织的税务登记管理问题。

2015年6月11日国务院印发《国务院关于批转发展改革委

等部门法人和其他组织统一社会信用代码制度建设总体方案的通知》（国发〔2015〕33 号），拉开了“一照一码、三证合一”的序幕。同年 6 月 23 日国务院办公厅印发《关于加快推进“三证合一”登记制度改革的意见》（国办发〔2015〕50 号）中指出：“‘三证合一’登记制度是指将企业登记时依次申请，分别由工商行政管理部门核发工商营业执照、质量技术监督部门核发组织机构代码证、税务部门核发税务登记证，改为一次申请、由工商行政管理部门核发一个营业执照的登记制度。”国发〔2015〕33 号文件在总体方案中包括了民政部门管理下的社会组织的编码工作，但在国办发〔2015〕50 号文中仅提到了工商行政管理部门，未包括民政部门。为了弥补这一缺憾，国家税务总局 2016 年 3 月 15 日发布《关于明确社会组织等纳税人使用统一社会信用代码及办理税务登记问题的通知》（税总函〔2016〕121 号），该函明确了税务部门与民政部门在实现信息共享的前提下，按照民政部门认定的社会组织（社会团体、基金会、民办非企业单位）法人登记证，赋予其税务登记证的全部功能，不再另行发放税务登记证件。民政部门和税务部门在未实现信息共享的情况下，以 18 位统一社会信用代码为其纳税人识别号，按照现行规定办理税务登记，发放税务登记证件。2016 年 6 月 30 日国务院办公厅发布推进“五证合一”的国办发〔2016〕53 号文件，该文将社会保险登记证和统计登记证纳入到上述三证之中，无论是三证合一还是五证合一，主要针对的是企业或者营利性组织，在国发〔2015〕33 号文件之外的国务院发布的具体实施文件中没有包括非营利组织。

②我国非营利组织税务登记制度存在的问题。税务登记是整个税收征收管理的首要环节，是税务机关对纳税人的基本情况进行登记管理的基本制度，也是纳税人已经纳入税务机关监督管理

的证明。在税总函〔2016〕121号发布之前，我国非营利组织所采取的税务登记制度完全是按照发生纳税义务进行税务登记。以纳税义务发生为税务登记的前提，未从源头上进行税务登记，容易造成税款流失。因为按照税收征管法第六十四条第二款规定，纳税人不进行纳税申报造成不缴或少缴应纳税款的情形不属于偷税、抗税、骗税，其追征期一般为三年，特殊情况可以延长至五年。根据这一规定，非营利组织如果发生了纳税义务，却没有按照规定进行税务登记，纳税人也没有进行纳税申报，只要是在三年或最多五年的期间没有被税务机关检查发现或没有人进行检举，那么，发生应税行为的非营利组织就可以不用缴纳任何税款，因为追溯的法律时效已经失去。如果非营利组织按照税总函〔2016〕121号文件进行设立登记，无疑能够解决大多数新登记非营利组织税务登记的源头管理问题。但是若从税收法规整体上考察非营利组织的税务登记制度以及税总函〔2016〕121号文件，至少还存在以下问题：

其一，双重审批制度阻碍了税务登记的通道。一个组织即使从事公益活动，在双重登记制度的要求下，如果没能找到主管业务部门的审批，该组织不能成为法人，即使是发生了纳税行为，因不能成为所得税法中所认定的非营利组织，当然无法以非营利组织的身份申请税务登记。

其二，下位法违背上位法。税总函〔2016〕121号文件及财税〔2014〕13号文第五条规定了征管法中所没有规定的法规，即在征管法及其实施细则中没有规定对非营利组织进行纳税登记的规定。从征管法及其实施细则的规定中可以看出，除了明确有经营行为的企业之外的其他组织在有经营行为或是发生纳税义务情况下，申请税务登记，可按照财税〔2014〕13号文的要求，能够成为该文件所要求的非营利组织必然要满足不得从事营利活动的前提条件，显然与征管法和实施细则有“经营行为”进行纳税登记有相悖之处，有下位法违背上位法之嫌。按照〔2016〕121 号文件的要求，非营利组织在民政部门登记后立即获得税务登记，税收征管法规定可以在纳税义务发生的 30 日内进行税务登记，新修订的税务登记管理办法对税务登记的要求依然是纳税义务发生的 30 日内。另外，从文件实施的权威性以及管理权限的角度上看，税总函〔2016〕121 号文件至少应该会同民政部联合发文，以便于税务部门和民政部门在法人登记和税务登记管理上的协调。按照三证合一的要求，税总函〔2016〕121 号还应会同中华人民共和国质量检验检疫总局，以便于完全解决非营利组织的三证合一的问题。

其三，民法与税法间协调不足。如《基金会管理条例》中明确规定：“基金会、境外基金会代表机构依照本条例登记后，应当依法办理税务登记”，意图对基金会的税务登记进行明确。可征管法却按照纳税义务发生 30 天内登记，显然没有与税收征管法实现有效衔接。况且基金会显然与生产经营类的企业不同，如果基金会进行税务登记，那么所提供的登记材料应该与企业等经营类组织有所不同。我国征管法以及实施细则中却没有登记所需提供何种材料的相关规定。

其四，征管法及其实施细则应明确非营利组织税务登记所提交的材料。如果征管法及其细则解决了我国非营利组织税务登记所存在的上述问题，即不论何种非营利组织，设立时必须要进行税务登记。那么在征管法或实施细则中就应明确组织所设立时要提交哪些申请材料，并根据非营利组织设立宗旨所体现公益的程度，将组织从登记开始进行相应的分类，赋予不同类别以不同的税收政策，从源头上予以监管。在税务登记材料审查时，还要考虑对非营利组织管理人员的资格进行审查并在不侵犯个人隐私的情况下予以信息公布，而不是现有的任命制度。

其五，非营利组织登记制度不全面。现行税法对非营利组织税务登记管理主要侧重设立登记的问题，至于非营利组织的税务登记发生变更登记、注销登记，税法中没有具体规定。比如非营利组织失去免税资格，要到税务机关如何进行变更登记。非营利组织的组织形式发生转变，成为其他形式的组织，是注销现有的非营利组织，然后再进行重新登记还是直接进行变更登记？以上的问题都是税法实践中可能出现或已经出现的问题，按法定主义原则的要求，从税法完整性和依法行政的实际出发，在税法中应明确非营利组织变更登记、注销登记等相关问题。

其六，现行税法中没有与《慈善法》中慈善组织税务登记等相关法律法规的规定。自《慈善法》颁布至今，在税法层面尚未出台有关慈善组织税务登记以及其他税收政策相关法规。按照税收法定主义原则，在税法中没有明确规定而参照税法中有关非营利组织的规定执行，其实质是有违法定主义原则。根据第二章分析，慈善组织按性质分类属于非营利组织；按照组织形式划分，税法中规定的非营利组织与慈善法中规定的慈善组织有交叉（两个法律都包括社会团体、基金会和民办非企业单位），在税法中应该明确慈善组织的税法地位，以完善非营利组织的登记制度。

2. 非营利组织的账簿凭证以及发票管理制度

账簿和凭证直接反映非营利组织使用资金、运营以及实现公益的情况，因为只有账簿和凭证所记录的会计信息真实和可靠，才有利于税务机关的监管。加强发票管理能够有效地防止避税、监控税源和保障征收，因而对发票的管理尤其重要。发票与账簿凭证的管理紧密相关，故将三者统一讨论。

（1）税法对非营利组织的账簿、凭证以及发票的管理。

其一，非营利组织票据管理。原始凭证是记录经济业务发生所取得的最基础的证据，它主要由税务机构监制的发票和财税机关认可的其他凭证。票据是会计核算的法定凭证，财务收支的重要依据。当前我国非营利组织所使用的票据主要包括两类，即税务发票和财政票据。非营利组织所发生的资金往来结算、捐赠、会费等要使用财政票据，这些票据分别是公益性捐赠票据、社会团体会费统一收据、往来结算收据等等。公益性事业单位、公益性社会团体和其他公益性组织接受公益性捐赠时要向捐赠人开具公益性捐赠票据，社会团体向会员收取会费时要开具社团会费统一收据。财政票据由财政部门负责监制，非营利组织在使用时向财政部门提出申请。非营利组织在领购财政票据前要办理《收费许可证》，办理该证非营利组织要填写收费许可证申请表，负责人签字后上报上级主管部门签署意见并加盖公章，同时要提供合法有效的批准收费文件、法人资格证明或机构编制及经费来源情况文件、政府或业务主管部门批准执业的文件。经审核合格后由物价部门批准收费项目并颁发《收费许可证》[①]。2016 年 1 月 1 日全国取消收费许可证之后，采取收费单位情况和收支状况报告制度在网上平台公示，对未进入网上公示名单的收费单位，被收费对象可以拒绝向其缴纳费用[②]。

非营利组织申领购买财政票据，应当提交申请函、单位法人证书、组织机构代码证书副本原件及复印件，填写《财政票据

---

① 国家发展计划委员会、国家经济贸易委员会财政部、监察部、审计署、国务院纠风办，《收费许可证管理办法》【计价格〔1998〕2084 号】，1999 年 1 月 1 日实施。

② 国家发展改革委、财政部，《关于取消收费许可证制度加强事中事后监管的通知》，发改价格〔2015〕36 号，2015 年 1 月 9 日实施。2016 年全面取消收费许可证制度，虽然从形式上取消收费许可证，但是提供上网公示前仍要提交相关证明材料。

领购证申请表》，并按照领购财政票据的类别提交相关依据。领购公益性捐赠票据要提供符合公益捐赠的证明材料；领购社会团体会费票据的，提交社会团体章程以及收取会费的依据①。《慈善法》第三十八条规定："慈善组织接受捐赠，应当向捐赠人开具由财政部门统一监（印）制的捐赠票据"。非营利组织发生了经营性收入，并取得纳税登记就可以申请开具税务发票，当然零星的营利性活动可以由主管税务局代开发票。

其二，非营利组织账簿管理及信息公开。理论和实践表明，信息的公开和透明有利于税务征管。账簿、凭证作为反映非营利组织信息的原始资料，也应该反映这一要求。我国现行税法，没有针对非营利组织的账簿、凭证管理的具体规定，只能是参照对营利性组织的相关规定予以执行。我国非营利组织的账簿、凭证的管理制度，在《民间非营利组织会计制度》中有所规定："民间非营利组织填制会计凭证、登记会计账簿、管理会计档案等要求，按照《中华人民共和国会计法》《会计基础工作规范》和《会计档案管理办法》等的规定执行"。按照《会计档案管理办

① 中华人民共和国财政部令（第70号），《财政票据管理办法》，2012年10月11日财政部部务会议审议通过，自2013年1月1日起施行。根据《公益事业捐赠票据使用管理暂行办法》财综〔2010〕112号和《关于进一步明确公益性社会组织申领公益事业捐赠票据有关问题的通知》以及财综〔2016〕7号文件的规定，申领公益事业捐赠票据的组织是在民政部门依法登记，并从事公益事业的社会团体、基金会和民办非企业单位，申请时要提交申请函、民政部门颁发的登记证书、组织机构代码证书副本原件及复印件、单位章程（章程中应当载明本组织开展公益事业的具体内容），以及财政部门规定的其他材料。《关于进一步规范社会团体会费票据使用管理的通知》财办综〔2016〕99号规定，社会团体申领社团会费发票应向与其注册登记部门同级的财政部门提出申请，提交申请函，说明收取会员费的依据及标准；提供加载统一社会信用代码的社团登记证书及复印件、经民政部门依法核准的单位章程复印件，同级财政部门要求的其他材料，填写《财政票据领用证申请表》。社会团体提供的所有材料均需加盖社会团体公章。受理申请的财政部门审核材料，对符合条件的，办理《财政票据领用证》，并发放社团会费票据。

法》第十三条的规定："单位保存的会计档案一般不得对外借出。确因工作需要且根据国家有关规定必须借出的，应当严格按照规定办理相关手续。"

我国非营利组织的信息公开制度主要由民法调整。非营利组织信息公开的规定，按照现有法规实施时间为序，主要出现在以下法律法规中：《民办非企业单位登记管理暂行条例》（1998 年 10 月 25 日实施）、《公益事业捐赠法》（1999 年 9 月 10 日实施）、《基金会管理条例》（2004 年 6 月 1 日实施）、《基金会信息公布办法》（2006 年 1 月 20 日实施）、《公益慈善捐赠信息公开指引》（2011 年 12 月 16 日实施）、《社会团体登记管理条例》（修订，2016 年 2 月 6 日实施）、《慈善法》（2016 年 9 月 1 日实施）、《公开募捐平台服务管理办法》（2016 年 9 月 1 日实施）、《中国红十字会法》（修订，2017 年 5 月 8 日）等。上述的法律法规首先从非营利组织的类别和各自规范的主体，对非营利组织的信息公开加以规定并提出相关信息公开的要求；其次，针对公益类慈善类的非营利组织要求信息公开范围和程度不断加强。《公益事业捐赠法》第 13 条规定，捐赠公益事业的工程项目竣工后，受赠单位应当将工程建设、资金使用和质量验收情况向捐赠人通报。《公益慈善捐赠信息公开指引》中规定公益慈善类社会团体、基金会和民办非企业单位是信息公开的主体，第 3 章明确信息公开的内容：公开主体的基本信息、募捐活动信息、接受捐赠信息、捐赠款物使用信息、接受捐赠机构财务信息及必要的日常动态信息，年度财务报告公开或按照公益慈善组织的登记管理要求公开等。《慈善法》单列一章规范信息公开，一方面规定了慈善组织登记主管部门——县级以上人民政府民政部门应公开的慈善信息；另一方面规定了慈善组织和慈善信托的受托人既要公开其基本信息，又要公开年度工作报告和财务会计报告，具有公开募捐资格的慈善组织要定期向社会公开募捐情况和慈善项目实施情况。2017 年 9 月 4 日全国慈善组织信息公开平台“慈善中国”正式上线，通过访问并查看慈善组织公开的信息，主要包括：基本信息、组织架构、接受捐赠信息披露、财政拨付信息披露、年度财务信息披露、工作报告披露。从查看各个组织披露的信息来看，其披露的信息内容和形式各异，有披露现金流量表的、资产负债表的，还有披露业务活动表的，且多数的财务报告都是比较笼统的文字或汇总后的数据。

最后，其他组织形式的非营利组织的信息公开要经过登记机关或主管单位的审查后，方能公开。如《民办非企业单位登记管理暂行条例》第 2 条规定，民办非企业单位接受、使用捐赠、资助的情况要向主管业务部门报告，并以适当方式向社会公布。《基金会登记管理条例》第 25 条规定，公募基金会募捐的资金要向社会公布募集资金拟开展公益活动和资金详细使用计划；第 30 条规定，基金会、境外基金会代表机构的年度工作报告经登记管理机关核查后，在登记管理机关指定的媒体上公布，接受社会公众的查询、监督。《基金会信息公布办法》第 9 条进一步规定，基金会、境外基金会代表机构要向社会公布年度工作报告、公募基金会组织募捐活动信息、基金会开展公益资助项目信息等。2016 年 2 月 6 日修订后的《社会团体登记管理条例》第 26 条规定，社会团体应当向业务主管单位报告接受使用捐赠、资助的有关情况，并应当将有关情况以适当的方式向社会公布。2017 年修订的《中国红十字会法》第 23 条规定，红十字会应当建立健全的信息公开制度，规范信息发布，在统一的信息平台及时向社会公布捐赠款物的收入和使用情况，接受社会监督。

（2）非营利组织账簿凭证和发票管理及信息公开所存在的问题。非营利组织仅是向主管部门或税务机关公开其账簿和凭证，非营利组织的捐赠人以及其他委托人获得会计档案等信息要严格按照规定办理相关手续，否则将不能提供查阅或复制。从理论上讲，作为委托人的捐赠人应该有权利获得作为代理人的非营利组织相关的信息资料，非营利组织为了提高组织的公信力也应该公开账簿等相关信息。按照公平原则来审视，凡是从事公益或慈善活动的非营利组织都有资格获得相关票据，从上述对非营利组织账簿凭证和发票管理的规定中可以看出，这些规定存在以下问题：

其一，严格的身份审查制度限制了部分非营利组织获得票据的途径。我国当前对非营利组织的票据管理制度，从根本上讲还是以“身份”来确定能否取得财税部门的票据，即非营利组织要取得相关的票据，必须由行政主管部门审批后取得法人地位，或者有行政主管部门的非营利组织，才能领购非营利组织所需的相关票据。这一规定无疑将大量的转登记和未登记的非营利组织排除在外，捐赠人向转登记或未登记的非营利组织的捐赠因无法取得正规票据，无法获得所得税捐赠扣除。

其二，票据印制、发放以及监管的不同归属，为票据的管理增添了难度。财政票据和税务发票分别由财政部门和税务部门管理和印制，一方面为税务机关监管非营利组织增加难度；另一方面为非营利组织滥用票据提供了方便，如非营利组织往往通过资金往来结算票据收取经营服务性收费，不使用发票以逃避纳税，或者不使用捐赠票据收取捐赠收入为滥用捐赠资金提供便利。

其三，《慈善法》规定慈善组织接受捐赠就要向捐赠人开具捐赠票据，没有与《财政票据管理办法》和税法相协调。按照《财政票据管理办法》的规定，公益性社会团体可以申请开具公益性捐赠票据，而非捐赠票据，办法中根本就没有捐赠票据这一类别。另外，捐赠人收到公益捐赠票据可以获得所得税税前扣除，按照税法的规定，捐赠人要向具有公益捐赠扣除资格的非营利组织捐赠才能得到公益性捐赠票据，而非营利组织的公益捐赠扣除资格要根据税法的规定申请获得①。可按照《慈善法》成立的慈善组织就可以获得公益性捐赠票据，未按照《慈善法》成立的组织却只能按照《财政票据管理办法》和税法的规定逐步申请获得公益性捐赠票据，造成了性质相同的非营利组织在享受税法权利上的不公平。

其四，法律法规对公益、慈善类非营利组织以及其他类组织形式的非营利组织的信息公开作出了相关的规定，缺少了处于中间地带的非营利组织（主要是指有公益活动也有营利活动的组织）相关信息公开的规定，往往这类非营利组织恰恰更应该是税法所重点关注的对象，因为这类非营利组织更加容易发生公益目标的转移和以公益的名义从事营利活动，因而应制定相应的法律法规来规范其行为并辅以相关的信息公开的规定。

其五，信息公开平台的建设和发布缺乏具体信息发布的办法，且平台的建设缺乏税务等其他部门的共享。从“慈善中国”信息平台所公布的五花八门各类信息可以看出信息公布的格式，信息公布的详细程度等尚未有明确的规定。而在非营利组织门户网站，大多数非营利组织的信息披露仅是每年的工作报告或者是一些比较笼统的统计数据，完全没有较为详细的诸如资金获得、使用、受益人情况等方面的披露。按照委托代理理论，《慈善法》要求由慈善组织自行披露信息的真实性和可信性是令人质疑的，必须要有法律的强制力来迫使非营利组织信息披露，并配以详细的信息披露表格和披露要求，明确披露的时间、披露对象

① 财政部、国家税务总局、民政部《关于公益性捐赠税前扣除有关问题的通知》，财税〔2008〕160号。

和内容，而不是原则性的规定。

法律规定信息公开的问题上要么是县级以上人民政府民政部门统一的信息平台，要么是经主管部门或登记机关或会计师事务所审计后以适当的形式公开，令非营利组织信息公开无所适从。况且非营利组织的信息收集、统计涉及民政、税务、工商、统计、财政等多个政府部门，因而统一信息平台的建设就需要多个政府部门的协调配合，而不仅仅是民政部门的事情，因而统一信息平台的建设就应该由政府部门制定建设平台的办法或法规，否则统一信息平台恐怕不能够“统一”，这个平台的权威性也许会受到质疑。另外，还有一部分非营利组织是以适当的方式公布或指定的媒体以及其他公开的媒体上公布信息，这类规定并非是强制性的信息公开要求，信息公开的内容以及方式的随意性较大，是否有利于公众、捐赠人以及其他相关方对信息的获取值得商榷。

《慈善法》颁布之后，已经成为非营利组织的事业单位、社会团体、民办非企业单位如果申请成为慈善组织，那么新转为慈善组织的这些组织从法律的角度上无疑是要按照《慈善法》的要求进行信息披露，问题是《慈善法》的信息披露要求与原来的法律、法规规定的信息公开要求不尽相同，两种信息公开要求的法律、法规之间由于没有完全意义上的统驭关系，虽然从法律位阶的角度要下位法服从于上位法，但是有主管单位的这些组织仍然要听命于上级主管部门，造成政令不一和疲于应付各种来自不同行政部门的管理。

3. 非营利组织的纳税申报制度及其问题

（1）我国非营利组织纳税申报制度。我国的税收征管法及其实施细则中没有非营利性组织纳税申报单独的且较为具体要求。非营利组织的纳税申报按照现行征管法及其实施细则的要求，非营利组织发生纳税义务、没有应纳税款以及享受减税免税待遇，要按照征管要求进行纳税申报，报送纳税申报表、财务会计报表以及税务机关要求提供的其他材料。财税〔2014〕13号文件中规定，免税非营利组织要按照征管法及其细则的规定定期进行纳税申报。

（2）我国非营利组织纳税申报制度存在的问题。

其一，纳税申报表填报仅是原则性的规定，缺乏明确的填报范围。我国税收征管法及其细则中没有明确规定非营利组织进行纳税申报的要求，仅仅是在财税〔2014〕13号文件中有所提及，而且财税〔2014〕13号文件仅是专门针对具有免税（指所得税）资格的非营利组织进行规定。非营利组织的纳税申报是非营利组织和税务机关相联系的重要纽带，税务机关通过非营利组织的纳税申报材料，检查非营利组织遵从税法的情况。由于非营利组织公益性的特点，因而要求非营利组织的纳税申报表所填报的内容应与营利组织有所不同，除了要准确反映纳税义务的履行情况外，纳税申报表更应详细反映组织履行公益从而获得税收优惠政策的情况。公益性履行与否，要通过组织资金的使用、财务制度安排、会计报表等相关综合信息来反映组织的资源是否最终用于公益还是其他方面，为税务机关判断赋予非营利组织的税收政策是否合适。因而，非营利组织的纳税申报表应考虑其特点，按照非营利组织本身的特点设计纳税申报表。

其二，纳税申报表缺乏透明性信息披露的要求。按照委托代理理论，非营利组织的委托人决不仅仅是政府部门，还应该包括捐赠人、社会公众，故作为受托人的非营利组织应然地向上述的委托人提供公开透明的信息无疑是题中之意。纳税申报表反映非营利组织纳税与享受税收优惠的整体情况，通过纳税申报表的信息披露可以有效监督非营利组织税收义务的履行，因而有必要在非营利组织按照民法所要求公开信息的基础上公开纳税申报表的相关税收方面的信息。

5.2.2　我国税款征收制度对非营利组织的规定及分析

我国税法中有关税款征收制度主要包括税务管辖制度、税款征收方式、税额确定制度、征纳期限制度、文书送达制度、税收征收的特别制度、税款征收保障制度等。可以说，上述税款征收制度中的大部分对非营利组织是通用的，只是这些制度主要针对的是营利性组织，没有明确规定非营利组织也要按照这些制度进行纳税，只要在税法中将税款征收制度的适用范围加入非营利组织，就可以解决有关非营利组织税款征收制度中的诸如税款征收方式、征纳期限、文书送达、税款征收保障制度。

税款征收制度中较为核心的是税额确定，我国现行税法实践中，应纳税额采取的是由纳税人申报确定，当前的税法下，我国非营利组织所发生的所得税、营业税（营业税已经于 2016 年 5 月 1 日全面改为增值税，简称“营改增”）、增值税以及房产税等税种都使用营利性组织的纳税申报表进行税额确定。

增值税以及房产税等税种可以使用营利组织的纳税申报表进行纳税申报税额确定，因为这些税种发生纳税义务不涉及成本费用扣除以及所得使用方向的考虑，与营利组织纳税申报无异。可是对于所得税采用营利性组织的申报表来进行税额确定就值得商榷。非营利组织所得的最终使用方向决定纳税与否。因而对方所得税应纳税额的确定要考虑以下两点：

其一，非营利组织的营利活动所得或营利性收入的最终使用可能有别于营利性组织。有的非营利组织的营利性活动是为了组织最终的宗旨目标，有的营利性活动与组织的宗旨目标无关，两种营利性活动在税法中要加以区分，并在纳税申报表中加以反映。

其二，非营利组织从事商业活动，对其征税就要确定应纳税所得额，必然涉及非营利组织商业活动成本费用的分配，要有明确费用分配的办法。按我国现行企业所税法规定，非营利组织从事营利性活动收入就要缴纳所得税（国务院财政、税务主管部门另有规定除外），而企业所得税法及其相关的法规中，没有非营利组织应纳税所得额如何确认和申报的规定。在此情况下非营利组织只能按照营利组织的纳税申报表进行所得税申报，非营利组织能否合理地申报确定应纳税额，就只能依靠征税机关的核定和调整。这无疑增大了税务机关的自由裁量权，税务机关过多的自由裁量权无疑为俘获和寻租提供了便利。

5.2.3 我国税务检查制度对非营利组织的规定及分析

税务检查制度作为税务征管制度的一部分，是税款征收后的监督制度。税务检查可以发现并纠正税务登记、申报和税款征收环节存在的问题和遗漏，为监管工作提供建议。我国税收征管法及其实施细则明确规定了税务检查中征纳双方的权利和义务、检查的方法、检查的形式、检查的内容和范围，所规定税务检查制度完全适用于非营利组织。可见，我国的税务检查（稽查）制度所重点关注的是税款征收，是对纳税主体履行纳税义务情况的检查，主要针对的对象是营利组织。当然，对于非营利组织发生应税行为是否履行纳税义务以及纳税义务履行情况，完全可以按照税收征管法的要求进行税务检查。征管法中没有提及对非营利组织享受税务优惠政策是否合理、是否滥用税收政策等情况的检查，是我国税务监管制度的缺陷。因为对于非营利组织，一方面它可能发生应税行为，发生纳税行为就要按照税法的要求纳税，并按照征管法的要求进行纳税情况检查；另一方面非营利组织主要以公益为宗旨，税收政策以实现公益目标予以税收优惠为主，因而按照税收的法定主义原则，应该侧重非营利组织税收优惠政策执行情况的税务检查，以监督和评价非营利组织遵从税法和履行公益活动情况。

5.3 我国税收征管法对非营利组织规定及分析

我国税收征管法及其细则规定了违反税法的参与主体——纳税人、代扣代缴义务人以及征税机关违法行为的处罚。一般而言，税收处罚是针对义务而言的，征税机关和纳税主体违背了税法所规定的义务，因而就要负担相应的违法责任。税收处罚法作为税法体系中的重要组成部分，是整个税法运行的保障机制，也是税收法制不可缺少的环节①。税收处罚制度的确立和完善，可以强化税收征收管理，增强税法的威慑力，预防和减少各种违反税法行为的发生。纳税主体的税收违法行为主要分为违反税收管理制度和税款征收制度的行为，而征税机关的税收违法行为分为违反税收实体法和税收程序法。税收处罚的形式可分为税收行政处罚和刑事处罚，税务机关对税收行政违法行为实施处罚，而司法机关对税收刑事违法行为实施处罚。

5.3.1 我国税收征管法对非营利组织参与各方的规定

我国税收征管法详细地规定了征纳双方的违反既定义务的法律责任，包括了对纳税人、税务人员、扣缴义务人、税务代理人以及金融机构的处罚。征管法所规范的对象以营利性组织为主，因而非营利组织及其相关人从事营利性活动的行为只要满足征管

① 陈少英：《税法学教程》，北京大学出版社 2011 年版，第 409 页。

法的处罚要件，就要承担相应的责任。除此之外，税法也单独规定了非营利组织相关的法律责任。

1．税务机关的法律责任

主管税务机关发现非营利组织不再具备规定的免税条件，应及时报告核准该非营利组织免税资格的财政、税务部门，按照管理权限对非营利组织免税资格复核。复核不合格的，取消其享受免税优惠资格。

2．非营利组织的法律责任

现行企业所得税法将非营利组织分为免税资格的非营利组织和具有公益性捐赠税前扣除资格的非营利组织两类，税法规定了取消这两类非营利组织免税资格和捐赠扣除资格的情形。

（1）取消免税资格。享有免税资格的非营利组织发生了以下行为之一，取消免税资格：

①未参加年检或年检“不合格”；

②认定申请提供虚假信息；

③帮助他人逃税或避税；

④通过其他服务关联交易转移、隐匿、分配组织财产；

⑤违反征管法及其细则受税务机关处罚的；

⑥受登记管理机关处罚。

因第①项规定被取消免税资格，一年内不再受理该组织的认定申请；违反第①项以外的其他情形被取消免税资格，五年内不再受理该组织的认定申请。

（2）公益性捐赠扣除资格的取消。具有公益性捐赠扣除资格的非营利组织存在以下情形之一，取消捐赠税前扣除资格：

①年检不合格或最近一次评估等级在3A以下；

②申请时弄虚作假的；

③有偷税行为或为偷税提供便利的；

④将捐款用在组织章程规定的用途之外或违反组织章程；

⑤受到行政处罚。

被取捐赠扣除资格的，存在第①项情形的，1 年内不得重新申请扣除资格。存在除第①外的其他项行为，3 年内不得重新申请税前扣除资格。发生第③项、第④项情形，应对其接受捐赠收入和其他各项收入依法补征企业所得税。

5.3.2　我国税收征管法对非营利组织规定的问题分析

我国现行征管法对非营利组织、税务机关的处罚规定主要存在以下问题。

1. 处罚范围较窄、处罚手段单一。处罚的核心原因为负有义务的主体违背税法规定的义务，我国税法尤其是税收实体法中规定了非营利组织的纳税义务和所享有的优惠，不仅仅包含所得税法所规定的具有免税资格和捐赠扣除资格的非营利组织。对于具有免税和捐赠扣除资格的非营利组织可以采取取消资格的方式进行处罚，而对于两类组织之外的非营利组织违背税法规定采取何种处罚方式在税法中应该予以明确。另外，现行的处罚手段比较单一，仅是取消免税资格和补缴税款等处罚方式，对于利用非营利组织的税收政策逃避缴纳税款数额较大的应明确按照逃税罪的刑事处罚方式，以增加对滥用税收政策的威慑。

2. 缺乏对非营利组织管理人员处罚的规定。从理论上讲，非营利组织要发挥作用，少不了管理人员参与。非营利组织发生的违背税法的行为，也会有非营利组织管理人员的身影。第 4 章的理论和实践分析表明，对非营利组织的管理人员，尤其是高级管理人员和对非营利组织有重大影响的负责人，进行资格审查和相应的信息披露，防止公益资源为不良管理人员所操纵，避免非营利组织的税收政策被滥用。因而在英美税法中一方面要求非营利组织要披露组织管理人员的信息，一方面在申报表中要反映组织的公司治理结构的信息。英美两国税法从捐赠人和税务机关有效监督的角度，要对非营利组织的主要管理人员进行资格审核并予以公示[①]。同时对非营利组织的管理人员的薪酬、有利益相关的关联方进行规范和管理，以防止非营利组织变相通过高额的薪酬福利待遇和关联交易侵蚀非营利组织的公益资源。我国税法在这方面规定完全是空白，没有对非营利组织的负责人和高级管理人员的资格进行审查，因为我国的非营利组织尤其是有主管部门的非营利组织负责人或领导人多为政府任命的，具有完全意义上的行政色彩，政府有一种潜在的价值观念——通过身份来确定人的行动，即只要“根红”就基本上可以保证“苗正”[②]。委托代理理论分析表明没有针对非营利组织管理人员的监督和约束法规，会发生资金或税法滥用等情形以追求自身利益最大化。如2007－2008年，中国环境科学院、北方核与辐射安全监督站、环境规划院、环境保护部信息中心等所属单位在财政专项中列支552.53万元，用于人员经费、办公楼装修等[③]。2016年，审计署所属科研所、计算中心、培训中心、外资中心在人员经费安排不足的情况下，在公用经费或项目支出中列支人员经费472.87万元[④]。事业单位出现的类似问题不胜枚举。我国相关的法律早

① 《慈善法》第七十二条：“慈善组织应当向社会公开组织章程和决策、执行、监督机构成员信息……”，这一规定确实在信息公开方面有所进步，但是没有具体如何公示、什么时间公示、公示什么信息明确的规定，在操作上还是需要出台具体的规定。

② 陈金罗、葛云松等：《中国非营利组织法的基本问题》，中国方正出版社2006年版，第9页。

③ 张庆龙：《政府部门内部控制框架设计与有效运行》，化学工业出版社2012年版，第4页。

④ 审计署2017年第5号公告：审计署2016年度预算执行等情况检查结果。

已开始规制这类问题，如《基金会管理条例》中规定基金会工作人员和行政办公经费不得超过当年总支出的 10%；《慈善法》中规定慈善组织具有公开募捐资格的基金会年度管理费用不得超过当年总支出的 10%。企业所得税法实施条例规定工作人员工资福利开支控制在规定的比例内，不得变相分配组织资产。财税〔2014〕13 号文规定非营利组织的工作人员平均工资薪金水平不得超过上年度税务登记所在地人均工资水平的两倍。这些规定起到一定约束作用，但各个法规之间互不统摄、个说个话，使这些法规的具体执行中大打折扣，监管的范围和法规间的矛盾也令非营利组织无所适从。如税法和民法对于工作人员的行政办公经费、管理费用涵盖范围不同，在具体执行过程中容易造成混乱[①]。我国现行征管法中既没有对管理人员相关信息公开披露和报告的规定，又无对任意提高工资、福利待遇的责任人进行惩罚的具体措施。虽然《慈善法》第 13 条规定慈善组织要向民政部门报送慈善组织工作人员的工资福利情况，但没有公开披露的要求且无专门针对管理人员具体要求。公开披露和惩罚措施的匮乏，致使公众（特别是捐赠人）无法监督。执法部门缺乏监管手段，法规之间不协调的情况下，执法部门容易为非营利组织所“俘获”或产生“合谋”。

---

① 管理费用在 2005 年《民间非营利组织会计制度》第 62 条第 2 款做如下规定：管理费用，是指民间非营利组织为组织和管理其业务活动所发生的各项费用。包括民间非营利组织董事会（或者理事会或者类似权力机构）经费和行政管理人员的工资、奖金、住房公积金、住房补贴、社会保障费、离退休人员工资与补助，以及办公费、水电费、邮电费、物业管理费、差旅费、折旧费、修理费、租赁费、无形资产摊销费、资产盘亏损失、资产减值损失、因预计负债所产生的损失、聘请中介机构费和应偿还的受赠资产等。其中，福利费应当依法根据民间非营组织的管理权限，按照董事会、理事会或类似权力机构等的规定据实列支。可见，管理费用所涵盖的范围要远超过税法中所规定的薪金工资所得。

3. 缺乏防范关联交易监管及处罚的规定。从税收管理的角度，规定非营利组织给予捐赠人利益回馈的金额以及捐赠金额与回馈金额的比例、非营利组织管理人员及利益相关方的披露，并处以相应的惩罚措施，能有效避免非营利组织通过关联交易的方式转移组织的资源以及利用税收优惠避税。英美税法对非营利组织给予捐赠人的利益回馈进行了详细的规定，如规定非营利组织不能给予超过捐赠价值的利益回馈、利益回馈的价值占捐赠的比例、利益回馈价值的年度限制，以及利益回馈要计算为应税收入等，并将上述的信息予以披露，通过非营利组织内部控制和公众的外部监督，以防范滥用资源和发生避税行为。可喜的是《慈善法》第14条已经开始关注关联关系以及发起人、捐赠人以及管理人员与慈善组织间的交易问题，但是在法律责任中没有明确这些关联关系及关联交易发生要承担的法律责任。民法防范非营利组织的关联交易主要是为了避免公益资金的滥用。税法中缺乏防范非营利组织捐赠人和非营利组织之间关联交易和滥用税收政策的监管和处罚规定，捐赠人就易于通过非营利组织的税收优惠政策逃税。

5.4 我国税收实体法对非营利组织的规定及分析

本节将按征税客体性质分类，来阐述我国税法中所得税、商品税以及财产税对非营利组织的规定，并对这些规定进行评析。

5.4.1 所得税法对我国非营利组织及捐赠人的规定和分析

我国所得税税法有关非营利组织的税收政策包括两个方面。

一方面是针对非营利组织本身的税收政策；另一方面是对非营利组织捐赠的个人和企业所实施的税收政策。

1. 我国企业所得税法对非营利组织规定及分析

(1) 我国企业所得税对非营利组织的规定。

①非营利组织免税资格认定。我国税法规定，非营利组织除了要取得民法所规定的组织形式外，要同时满足以下要求才能享受收入免征企业所得税优惠：即在中国境内从事公益性或非营利性活动，注销后剩余财产继续用于公益性或者非营利性目的，财产及其孳息不可分配，投入人对投入财产无任何财产保留权；工作人员工资不能超过上年度税务登记所在地人均工资水平的两倍，福利待遇按照国家规定；非营利组织在申请免税资格前年检结论为“合格”；应税收入和免税收入的成本、费用和损失要分开核算。

②免税资格的审批。经登记机关批准设立或登记的非营利组织，凡符合免税资格规定条件的要向其所在税务主管机关提出免税资格申请，并提供相关材料。主管税务机关应根据报送的纳税申报表及有关资料进行审查，当年符合免税条件的收入，免予征收企业所得税；当年不符合免税条件的收入，照章征收企业所得税。

③非营利组织所得税征免规定。按照我国企业所得税法律和法规的规定，针对非营利组织所得税的政策分为两种情况。若非营利组织取得免税资格，其免税收入和不征税收入之外的收入要计算缴纳所得税。若非营利组织未能取得免税资格，则非营利组织除了不征税收入之外的所有收入都要按照所得税法的要求计算缴纳所得税。

其一，免征所得税的收入。免税非营利组织的免税收入包括以下收入：即接受其他单位或个人捐赠的收入，政府补贴性收入，省级以上民政和财政部门规定收取的会费收入，不征税收入和免税收入所产生的银行存款利息收入，财政部和国家税务总局规定的其他收入。不征税收入为财政拨款和事业性收费。

其二，征收企业所得税的收入。非营利组织从事营利性活动取得的收入，政府购买服务所取得的收入以及免税收入和不征税收入之外的收入。

（2）我国非营利组织所得税政策存在的问题。

其一，没有区分非营利组织营利性行为的最终使用目的。对于具有免税资格的非营利组织所获的免税和不收税之外的收入，没有按照所获收入使用最终目的是否具有公益性进行区别对待。即没有对具有免税资格的非营利组织营利行为所获收入使用是否具有公益性，将非营利组织与企业纯粹的营利性行为相区别，只要发生了免税收入和不征税收入之外的收入就要缴纳所得税。对于不具有免税资格的非营利组织，不考虑收入的公益性，而是对其所获收入笼统地征收所得税，致使我国非营利组织中未登记和转登记组织与能够找到主管部门获得登记认可的非营利组织不能公平地享受的企业所得税政策，尤其是转登记组织要与企业一样负担企业所得税纳税义务。

其二，法规之间协调性差。要成为所得税免税资格的非营利组织，前提条件之一是取得相应的法人资格。要取得这些组织的资格，尤其是社会团体和民办非企业单位有一个必要的条件，即组织不得从事营利性活动。而企业所得税法实施条例中对免税资格的要求是从事公益性或非营利性活动，公益性与非营利性之间使用的是“或者”，按照两者择其一的含义理解，这两种活动只要满足其一，就可以满足这一款的要求。按此理解，组织可以从事公益性活动和营利活动，或者完全从事非营利性和公益性活动。只有这样理解，才能同随后发布的财税〔2014〕13号文中的规定“对取得的应纳税收入及其有关的成本、费用、损失应与免税收入及其有关成本、费用、损失分别核算”相匹配，可见我国税法认可非营利组织可以从事营利性活动。将民法中对非营利组织所规定的不得从事营利性活动与税法中对非营利组织所规定的非营利组织可以从事公益性或非营利性活动相比较，显然在民法和税法中对民办非企业单位和社会团体的规定出现了不相协调或者重复。诚然，获得免税资格的社会团体和非企业单位无疑已经遵守不得从事营利活动的规定，否则也不会具有社团和非企业单位法人资格，也就根本不可能取得免税资格，如若按此逻辑分析财税〔2014〕13 号函对免税资格所提出的营利性收入和费用成本单独核算的规定就没有必要。可见，税法和民法在免税组织资格的认定上，法规之间没有进行统一和协调，为税法实施增加了难度。

其三，下位法对上位法做了限缩性解释。企业所得税法所规定的“符合条件的非营利组织的收入”的含义应为只要该非营利组织满足了税法所要求的免税条件，其所获的任何收入都应该免税，实施条例中也明确了非营利组织所要满足符合免税条件的八项条件。财税〔2014〕13 号函和〔2009〕122 号函对企业所得税法中“符合条件的非营利组织的收入”条款做了限缩性解释。一方面缩小了非营利组织符合免税条件的范围，另一方面缩小了免税收入的范围，使得只有部分所得被纳入免税范围，违背了行政机关解释法律必须受到合法性的限制。

其四，税务机关对免税资格复审有效期过长。财税〔2014〕13 号文规定非营利组织获得免税资格的有效期为 5 年。即非营利组织一旦获得了免税的资格，在这 5 年的期间只要每年能够通过主管部门的审核和民政部门的年检，就可以继续享有免税资格，而无须通过税务机构每年的审核。只有主管税务机关在执行非营利组织免税政策中发现不再具备税收优惠资格时，才能向核准免税资格的财政和税务部门报告以申请复核。既不是免税非营利组织每年向税务机关报告其免税资格的履行情况，也不是核准的财税部门对免税非营利组织进行每年的审核，而是由民政部门和主管部门所提供的年检结论来判定非营利组织是否继续享受免税资格。问题是业务主管部门、登记机关与税务部门所关注的角度是不同的，虽然有交集，但作为税法所规范的免税主体，在免税资格获得后的5年期间，仅依照主管部门的审核和登记机关年检就可继续享有免税地位，本应由税务机关依法审核却由其他行政机关越俎代庖，虽然在一定程度上节省了行政资源提高了行政效率，却不符合税务机关对非营利组织涉税管理的要求。况且，我国非营利组织和主管部门之间要么存在着上下级的关系，要么资源都是由主管部门提供，或者两种情况同时存在，非营利组织未能完全独立于主管部门，为非营利组织免税资格发生寻租行为提供便利和可能。

其五，资格认定的主体欠缺合法性。企业所得税法实施条例第52条规定公益性捐赠应当具备的条件时，其中第9款已明确规定了国务院财税部门应当会同国务院民政部门来共同制定有关管理办法，因而财税〔2014〕13号文应该由财政部和国家税务总局会同民政部来共同发布非营利组织免税资格认定的条件，实际上在财税〔2014〕13号文之前的财税〔2009〕123号文也没有民政部的参与，在一定程度上为法规的执行效率以及非营利组织的遵从打折扣。且从法律程序上看，按照我国《立法法》第96条第5项规定，财税〔2014〕13号文件因违背法定程序，应当由国务院予以调整或者撤销。

其六，法规溯及既往。财税〔2009〕122号文颁布的日期为2009年11月11日，而执行日期要求从2008年1月1日起实施，属于典型的溯及既往。依据法的一般原理，税法和刑法通常不采用溯及既往原则，即使采用，也是采用有利追溯原则。

其七，相关制度不匹配。按照现行税法的规定，对免税资格的非营利组织取得的应纳税收入及其有关的成本、费用、损失应与免税收入及其有关成本、费用、损失分别核算。按此规定，应该出台相应的税法法规或明确会计制度的核算方法以便非营利组织进行核算，为税务部门执法提供依据，以实现免税收入和应税收入所发生的成本、费用归集和分配，较好地实现配比原则。具体来说，就是非营利组织发生非独立性经营活动成本费用的核算。非营利组织非独立性经营活动所产生的生产费用、管理费用、销售费用和财务费用等费用在应纳税收入与免税收入之间如何进行分配和核算。比如非营利组织的房屋等固定资产或人工，既被用于营利性活动又被用于非营利性活动，这类的成本和费用以及所发生的损失将如何分配和认定，如果成本、费用以及损失没能得到合理的分配，将影响到应税所得额的计算。会计制度和税法①中没有明确这些费用的归集和分配方式，为征税机关和非营利组织核算应税所得额增加了不确定性，也为寻租和逃税提供了便利和可能。

① 国家税务总局在 1999 年印发过《事业单位、社会团体、民办非企业单位企业所得税征收管理办法》（国税发〔1999〕65 号）的通知中有过固定资产等费用的分配以及应税所得额的计算等具体要求，可是该通知已经废止。在财政部颁布的《民间非营利组织会计制度中》也仅对费用分配提出原则性的分配建议：“某些费用如果属于多项业务活动或者属于业务活动、管理活动和筹资活动等共同发生的，而且不能直接归属于某一类活动，应当将这些费用按照合理的方法在各项活动中进行分配。”具体何种办法没有提出。2013 年新修订的《事业单位会计制度》中对于发生非独立核算经营活动的，也只是原则性地规定要正确归集开展经营活动发生的各项费用数；无法直接归集的，应当按照规定的标准或比例合理分摊。政府会计准则颁布实施后，事业单位的各项费用采用政府会计准则予以核算，也许将改变这一现状。

其八，《慈善法》与税法间的协调有问题。按照《慈善法》第79条规定，慈善组织及其取得的收入依法享受税收优惠。可是按照《企业所得税法》及其实施细则及财税〔2014〕13号文件的规定，非营利组织免税资格需要财税、民政部门的共同认定，并且所获得的营利性收入是不享受税收优惠（即不享受免征），如若按照《慈善法》第79条的规定，慈善组织的所有收入享受税收优惠，与其他获得免税资格的非营利组织规定有悖，因而税法中有必要进一步明确慈善组织享受税收优惠政策的范围，以取得与其他公益类非营利组织相同的税收待遇，否则将有违税法公平。

2．捐赠人的所得税政策及分析

（1）企业及个人捐赠的所得税政策。

①企业及个人捐赠的免税规定。个人通过中国境内的社会团体、国家机关向教育和其他社会公益事业以及遭受严重自然灾害地区、贫困地区的捐赠，捐赠额未超过纳税义务人申报的应纳税所得额30%的部分，可以从其应纳税所得额中扣除。个人捐赠住房作为廉租住房，捐赠额未超过其应纳税所得额30%的部分，准予从其应纳税所得额中扣除。个人通过扣缴单位、政府机关或非营利组织向地震灾区捐赠，可以依据捐款凭证、政府部门或代扣代缴单位的证明，从应税所得额中据实扣除[①]。

企业发生在年度利润总额12%以内公益捐赠支出的部分，计算应纳税所得额时可扣除；超过年度利润总额12%的部分，准予结转以后三年内在计算应纳税所得额时扣除。公益性捐赠是指捐赠的对象为公益性社会团体，县级以上人民政府及其部门，

① 国家税务总局，《关于个人向地震灾区捐赠有关个人所得税征管问题的通知》，国税发〔2008〕55号。

所捐赠的款项要用于中华人民共和国公益事业捐赠法中公益捐赠支出的规定。

企业向公益性社会团体和慈善组织捐赠股权，以股权的历史成本确定捐赠额，按照企业所得税法的规定在所得税前予以扣除。

②公益性社团的界定。同时满足下面八项条件的基金会、慈善组织等社会团体，为公益性社会团体。企业所得税法实施条例中规定的八项条件可以概括为：具备法人资格，不以营利为目的，且以发展公益事业为宗旨，组织终止后剩余财产和增值不能归属个人或营利组织，全部资产及其增值为该法人所有、收益和营运结余要用于符合该法人设立宗旨的事业，捐赠者不得参与组织财产分配，有健全的会计制度以及国务院财政、税务主管部门会同国务院民政部门等登记管理部门规定的其他条件（简称八项条件）。

财税〔2008〕160 号明确了公益性社会团体是指按照《基金会管理条例》和《社会团体管理条例》登记成立的基金会和社会团体。基金会和社会团体要在符合八项条件下，同时要满足申请前 3 年内未受到行政处罚。在此基础上，登记 1 – 3 年及以上的基金会，申请前连续 1 年或 2 年年检合格，或最近 1 年年检合格且等级在 3A 及以上；登记 1 年以下的基金会要满足八项条件。基金会登记 3 年及以上的，净资产不低于登记的活动资金数额，申请前连续 3 年每年用于公益活动的支出占上年总收入的 70% 及以上，并达到当年总支出的 50% 及以上。

财税〔2009〕124 号明确了不需要登记的人民团体和免于登记社会团体的公益性捐赠所得税税前扣除的问题，这些公益团体除了要满足八项规定的条件外，接收捐赠的收入和支出要单独核算，且申请前连续 3 年接收捐赠的总收入中用于公益事业的支出比例不低于70%。

《慈善法》第80条规定自然人、法人和其他组织用于慈善活动所捐赠的财产，依法享受税收优惠。

③公益性捐赠支出内容的界定。主要指按照《中华人民共和国公益事业捐赠法》所规定的范围，即救济贫困、救助灾害、扶助残疾人等困难的社会群体和个人的活动，科学、教育、卫生、文化、环境保护、体育事业，社会公共设施建设，促进社会发展和进步的其他社会公共和福利事业。

④公益性捐赠税前扣除资格的报送。符合上述规定的基金会、慈善组织等公益性社会团体，应同时向财政、税务、民政部门提出申请，并分别报送。根据财税〔2015〕141号文件的要求，自2015年12月31日起上述公益捐赠扣除资格的审批改为由财政、税务、民政等部门结合社会组织登记注册、公益活动情况联合确认公益性捐赠税前扣除资格，并以公告形式发布名单。

（2）捐赠人税收政策问题分析。

其一，下位法违背上位法，同类组织享受不同的税收政策违背税法的公平原则。按照企业所得税法和个人所得税法中的规定，企业向享有资格的公益社会团体的捐赠扣除额上限是年度利润的12%以内，超过12%可以在三年内计算扣除。个人的捐赠扣除额上限为应纳税所得额30%以内。但是对红十字事业（财税〔2000〕30号）、福利性、非营利性老年服务机构（财税〔2000〕97号）、公益性青少年活动场所（财税〔2000〕21号）、农村义务教育（财税〔2001〕103号）、宋庆龄基金会等6家单位（财税〔2004〕172号）；中国医药卫生事业发展基金会（财税〔2006〕67号）、中国教育发展基金会（财税〔2006〕68号）、中国老龄事业发展基金会等8家单位（财税〔2006〕66号）；县级以上总工会（财税〔2007〕155号）、中华快车基金会等 5 家单位（财税〔2003〕204 号）；科研机构、高等院校研究开发经费的捐赠（国税发〔2000〕24 号），地震救灾（国税发〔2008〕55 号）却可以享受企业所得税和个人所得税税前全额扣除。还有捐赠人的扣除标准低于所得税法的扣除标准，有 10% 税前扣除或者 3% 的税前扣除的标准①。既有违税法公平原则，又违背下位法遵从上位法的原则。

其二，享受免税资格组织和捐赠可扣除公益组织要求条件相同，所享受的捐赠扣除范围不同，有违税收的横向公平原则。能够获得捐赠扣除资格的非营利组织包括基金会、慈善组织等社会团体，而能够获得免税资格的非营利组织包括事业单位、社会团体、基金会、民办非企业单位、宗教活动场所以及财政部、税务总局认定的其他组织。按照税法规定且从组织形式上看，民办非企业单位、事业单位和宗教活动场所等组织可以获得免税资格但是却不能够获得捐赠扣除的资格。而且比较免税资格和捐赠扣除资格两者的八项要求，仅有一条规定免税组织所要求的条件与捐赠扣除资格的条件所不同，即“国务院财政主管税务部门会同民政部门的其他规定”。如果国务院财政税务以及民政部门没有其他规定，具有免税资格的组织和捐赠扣除资格组织的要求条件相同，却将民办非企业单位、事业单位和宗教活动场所排除在捐赠扣除之外，违背了税法的横向公平原则，即具有相同条件的组织享受不同的税收待遇。

其三，税法中没有明确公益慈善组织和宗教活动场所，有违税收法定主义原则。按照税法要素明确性原则的要求，免税非营利组织中包括宗教活动场所，可扣除的公益组织中又包括公益慈

① 金锦萍：“论我国非营利组织所得税优惠政策及其法理基础”，《求是学刊》2009 年 1 月。在本书刊印之时，这些税法法规仍然有效。

善组织，应该在相应税收法规中明确何为公益慈善组织和宗教活动场所，而现行税法中没有何为公益慈善组织和宗教活动场所明确的规定。2005 年已经废止的《宗教活动场所管理条例》规定，宗教活动场所是指开展宗教活动的寺院、宫观、清真寺、教堂及其他固定处所，可见这些场所仅指一个场所，宗教活动场所与前面的组织并不应该处于同一个层次相并列。而且在这些活动场所所开展的活动也无法保证就一定是非营利性的公益活动，如果在这些活动场所发生了营利性活动，是否因为这些场所本身的免税地位就可以免除营利活动收入的纳税义务，显然是否定的，因为其违背了税收的公平原则。

至于公益慈善组织，出现在国宗发〔2012〕6 号文件中，该文件的第三条规定宗教界在以下领域开展非营利活动，并以基金会、社会福利机构、非营利性医疗机构的形式可以登记设立公益慈善组织。这些活动的领域是指灾害救助，扶助残疾人，养老、托幼，扶贫助困，捐资助学，医疗卫生服务，环境保护，社会公共设施建设，法律和政策允许的、适合宗教界人士和信教群众发挥积极作用的其他公益慈善活动。所得税法中所出现的公益慈善组织的概念从范围上应该不仅仅包括宗教界设立的公益慈善组织，应该是无论何种机构或组织按照上述领域所设立的组织都可以理解为公益慈善组织。按此理解，公益慈善组织的概念以组织的活动领域划分，而社会团体、基金会等等按照组织的组织形式为分类，不同分类并列出现在企业所得税法中，且相互交叉，增加执法的难度。《慈善法》中所指的慈善组织按照其活动的领域应属于公益慈善组织一类，《慈善法》为 2016 年颁布，税法中至今尚没有明确《慈善法》中所称的慈善组织该如何获得捐赠扣除资格，从《慈善法》中规定慈善组织要开具捐赠发票的角度来看，慈善组织是具备捐赠扣除资格的，因而有必要在税法中进一步明确慈善组织是否经过民政部门认可后即可获得捐赠扣除资格，还是从体现税法公平的角度出发，也要经过财政、税务及民政部门共同认定其捐赠扣除资格。

其四，所得税法的有些规定过于原则，缺乏明确性、可操作性。比如具有公益性捐赠扣除资格社会团体的规定条件中要求“全部资产及其增值为法人所有、捐赠者不以任何形式参与社会团体的财产分配；以发展公益事业为宗旨，不以营利为目的”等规定，这些规定在免税非营利组织资格中也有所体现，却没有明确规定应该采取何种方式让捐赠人或公众了解组织是如何实现公益性或非营利性，表明捐赠者没有参与组织财产分配等具体措施或监管方法。英美非营利组织税法也有类似规定，但英美两国税法均有各种具体的监管措施以实现组织的非营利性和公益性。还有“捐赠资源使用的有关情况要向业务主管部门报告，并应当将有关情况以适当的方式向社会公布”等。向社会公布的有关情况应该包括什么？什么是以适当的方式？都是一些含混的表述。反映非营利组织捐赠资源使用方向的财务信息，应由财务报告来反映，现行会计制度下我国非营利组织所执行会计制度尚未统一，非营利组织执行的会计制度有事业单位会计制度、小企业会计制度、行政单位会计制度、行业会计制度以及民间非营利组织会计制度等多个会计制度①，这些制度连专业的会计人员都难以理解，何况那些缺乏会计专业素质的社会公众。不同的会计制度使得所提供的财务报表以及反映的信息角度都不尽相同，使得相同类别非营利组织的财务信息缺乏可比性，增加了非营利组织监管的难度。为了统一规范非营利组织的会计行为，提高会计质

① 自 2017 年 1 月 1 日起《政府会计准则——基本准则》开始实施，行政事业单位按照政府会计准则及制度编制财务会计报告。

量，2005 年 1 月 1 日财政部颁布实施《民间非营利组织会计制度》，该制度能够较好地反映非营利组织的受托人所要求的信息。财政部也力图通过该制度形成统一的有关非营利组织的会计制度，但财政部出台《民间非营利组织会计制度》时没有同民间非营利组织的主管部门以及相关部门（主要指民政部和国家税务总局）相协调，在实际执行时没得到相关部门的认可，故没有达到预期的效果。

其五，下位法违背上位法，所得税法规中存在缩限性解释。对于具有捐赠扣除资格的非营利组织所要求的条件中，财政部国家税务总局在所得税法要求条件的基础上进行了缩限性解释，即非营利组织在满足了企业所得税法所规定的八项规定之外，又添加了其他的限制性条件，大大缩小了满足捐赠扣除组织的范围，将能满足企业所得税法要求的非营利组织排除在外。

其六，个人捐赠财产和企业捐赠的抵扣办法值得商榷。个人所得税法中对于个人捐赠住房作为廉租房，依旧采取按照应税所得额的 30% 予以抵扣的规定值得商榷。企业所得税法规定企业一次性捐赠超过年度利润的 12% 可以在以后 3 年内抵扣，个人所得税法是否应该也有此类规定？这种限制性规定对于个人捐赠类似房屋等不可分割的大件物品或一次性捐赠价值较大的用于紧急救灾的物品，仅能够在当年抵扣个人所得额的 30% 可能是不够抵扣，影响了捐赠人的积极性。同时，企业捐赠允许超过利润总额 12% 的部分在以后 3 年内扣除，是这 3 年内每年的扣除数额都按照当年的利润总额的 12% 为上限呢？还是将剩余部分在 3 年内均分的金额进行扣除？这又涉及了另外的一个问题，即如果企业在今后的 3 年内都发生了亏损或者盈亏相抵了，其实这种扣除对企业来说并没有享受到所得税上的优惠，这仅是问题之一。问题之二是如果企业未来 3 年都盈利，且按照 3 年均分的扣除额都超过利润额的 12%，剩余的部分是否就不允许扣除？或者企业在未来 3 年又有亏损又有盈利将如何实现所得税优惠措施的切实落实？

其七，财产捐赠的税收政策有待进一步明确。《慈善法》第 80 条规定自然人、法人和其他组织捐赠财产用于慈善活动的，可以依法享受税收优惠。《慈善法》第 36 条规定捐赠财产包括货币、实物、房屋、有价证券、股权、知识产权等有形和无形财产。税法中除了股权捐赠有明确规定外，其他财产捐赠却没有相应的政策。捐赠人向依照《慈善法》成立的慈善组织和具有捐赠扣除资格的非营利组织捐赠股权之外的财产，具有公益扣除资格的非营利组织和慈善组织需要给捐赠人开具公益性捐赠票据，捐赠人可以凭借公益性捐赠票据进行所得税抵扣，这就涉及捐赠财产的计价问题，税法规定股权是按照历史成本计价，那么其他财产呢？捐赠财产计价的方式将影响该财产可以抵扣的金额，进而影响捐赠人所享受税收优惠的大小。另外，税收政策给予财产捐赠上的税收优惠政策，除了要考虑捐赠财产计价问题，还要考虑财产捐赠中涉及的道德风险、利用税收优惠政策逃税以及相应的监管措施等等。

另外从税法公平的角度衡量，我国税法规定个人对非营利组织的捐赠是采取抵扣方式的，在累进所得税税制下，我国的应纳税额的抵扣方式更有利于高收入者而不利于低收入者。

5.4.2　我国商品税对非营利组织的规定及分析

商品税包括的税种为增值税、消费税、营业税和关税。其中消费税是针对特殊类商品所征收的税收，国家是在考虑这些商品的特殊性后又征收的一种税，它不因纳税主体的不同而有所区别，消费税对所有的纳税主体采取统一的税收政策，所以消费税没有针对纳税主体加以区分，只要非营利组织满足消费税课税要件，就应该按照税法的要求缴纳消费税。至于增值税、营业税[①]以及关税，同样的征收客体由于纳税主体的不同而不同，在这几类商品税中，对非营利组织有单独的征免与否的规定。

1．非营利组织的商品税税收政策

（1）非营利组织增值税税收政策。

①征收增值税的情形。达到增值税起征点的社会团体、事业单位以及其他单位（简称单位）销售应税商品，要缴纳增值税。单位将自产、委托加工或购进货物无偿赠送其他单位和个人，视同销售货物，征收增值税。营业税改征增值税（简称营改增）地区的文化体育业销售不动产和转让无形资产，适用增值税一般计税方法。托儿所、幼儿园以开办实验班、特色班和兴趣班等为由，另外收取的费用以及与幼儿园入园挂钩的赞助费、支教费等超过规定范围的收费，应征收增值税。

②免征增值税的情形。外国政府、国际组织无偿援助的进口物资和设备，进口直接用于科研、科学试验和教学的仪器、设备，销售自己使用过的物品，残疾人组织直接进口供残疾人专用的物品，非营利性医疗机构自产自用的制剂，以上项目免征增值税。纳税人取得的中央财政补贴，不属于增值税应税收入，不征收增值税。单位和个人向境外单位提供技术转让和技术咨询服务，免征增值税。校办企业生产的用于本校教学、科研方面的应税货物，免征增值税。经批准的托儿所、幼儿园的教育、保育服务，依照民政部管理办法成立的养老机构提供的养老服务，残疾人福利机构提供的养育服务，婚姻介绍服务，殡葬服务，残疾人员本人为社会提供的服务，医疗机构提供的服务，从事学历教育

① 2016年5月1日开始，营业税改征增值税全面试点推开，因此本书将按照现行规定来讨论与非营利组织相关的营业税改征增值税之后的问题。

的学校提供的教育服务，学生勤工俭学提供的服务，纪念馆、博物馆、文化馆、文物保护单位管理机构、美术馆、展览馆、书画馆、图书馆在自己的场所提供文化体育服务取得的第一道门票收入，寺院、宫观、清真寺和教堂举办文化、宗教活动的门票收入，2017 年 12 月 31 日前科普单位以及县级及以上党政部门和科协开展科普活动的门票收入，政府举办的从事学历教育的高等、中等和初等学校（不含下属单位）举办的进修班、培训班取得的全部归学校所有的收入，政府举办的职业学校设立的主要为在校学生提供的实习场所、并由学校出资自办、由学校负责经营管理、经营收入归学校所有的企业，从事现代服务（不含融资租赁服务、广告服务和其他现代服务）、生活服务（不含文化体育服务、其他生活服务和桑拿、氧吧）业务活动取得的收入，为了配合国家住房制度改革，企业、行政事业单位按房改成本价、标准价出售住房取得的收入。为了便于比较营业税改增值税前后税收政策的变化，请见表 5－1 及表 5－2。

（2）非营利组织的关税税收政策。外国组织、国际组织无偿赠送的物资免征关税。我国境外的自然人、法人或其他组织无偿向受赠人捐赠的直接用于扶贫、慈善事业的物资免征进口关税和进口环节增值税。外国民间团体、企业、友好人士向我国境内受灾地区捐赠的直接用于救灾的物资，在合理数量范围内，免征进口关税和进口环节增值税、消费税。救灾捐赠进口物资一般应由民政部提出免税申请，免税进口的救灾捐赠物资按渠道分别由民政部（如涉及国务院有关部门，民政部应会同相关部门）、中国红十字会、中华全国妇女联合会负责接收、管理并及时发给受灾地区①。

① 财税字〔1998〕98 号，财政部、国务院关税税则委员会、国家税务总局、海关总署，《关于救灾捐赠物资免征进口税收的暂行办法》的通知。

表 5-1　　非营利组织营改增前后营业税、增值税税收优惠情况表

所涉及的领域	营改增前营业税优惠政策	营改增后增值税税收政策
教育相关领域	经教育行政部门批准成立提供学历教育的学校（包括民办学校）按照规定标准收取的与学生学习直接相关的费用收入，校办企业为本校教学、科研服务所提供的应税劳务（旅店业、饮食业和娱乐业除外），学生勤工俭学提供的劳务，学校技术开发、转让，技术咨询和服务收入，政府举办的高、中、初等学校举办的进修班和培训班取得的收入全归学校所有，免征营业税。校园内实行社会化管理和独立核算的学生食堂免征营业税。	政府举办的从事学历教育的高等、中等和初等学校（不含下属单位）举办的进修班、培训班取得的全部归学校所有的收入，政府举办的职业学校设立的主要为在校学生提供的实习场所、并由学校出资自办、由学校负责经营管理、经营收入归学校所有的企业，从事现代服务（不含融资租赁服务、广告服务和其他现代服务）、生活服务（不含文化体育服务、其他生活服务和桑拿、氧吧）业务活动取得的收入，校办企业生产的用于本校教学、科研方面的应税货物，免征增值税。经批准的托儿所、幼儿园的教育、保育服务免征增值税。
福利等相关领域	福利机构提供的育养服务、婚姻介绍、殡葬服务免征营业税。	残疾人福利机构提供的养育服务，婚姻介绍服务，殡葬服务，残疾人员本人为社会提供的服务免征增值税。
医疗机构	医疗机构提供的医疗服务	医疗机构提供的服务

续表

所涉及的领域	营改增前营业税优惠政策	营改增后增值税税收政策
门票收入	各种文化、教育、科技馆举办文化活动的门票收入，宗教场所举办文化、宗教活动的门票收入，上述收入免征营业税。	纪念馆、博物馆、文化馆、文物保护单位管理机构、美术馆、展览馆、书画馆、图书馆在自己的场所提供文化体育服务取得的第一道门票收入，寺院、宫观、清真寺和教堂举办文化、宗教活动的门票收入，2017 年 12 月 31 日前科普单位以及县级及以上党政部门和科协开展科普活动的门票收入。
会费	社会团体按照财政部门或民政部门规定标准所取得的会费，不征收营业税。在京外国商会按照规定标准收取会费。	
残疾人安置	事业单位、社会团体和民办非企业单位按实际安置残疾人就业人数，可以享受限额即征即退营业税和增值税。	安置残疾人的单位同时符合促进残疾人就业增值税优惠政策条件和其他优惠条件，可同时享受多项增值税优惠政策，但本年度申请退还增值税总额不得超过本年度内应纳增值税总额。
科研机构	非营利性科研机构从事技术开发、技术转让及相关的技术咨询、技术服务的收入，免征营业税（营改增地区免征增值税）和企业所得税。高校技术转让收入免征营业税。	单位和个人向境外单位提供技术转让和技术咨询服务，免征增值税。校办企业生产的用于本校教学、科研方面的应税货物，免征增值税。

续表

所涉及的领域	营改增前营业税优惠政策	营改增后增值税税收政策
	境外文化劳务取得的境外收入免征营业税	

表 5－2　非营利组织营改增前后营业税、增值税税收征收情况表

营改增前营业税征收情况	营改增后增值税征收情况
(1) 社会团体、事业单位以及其他单位（在营业税税法中被称为单位）发生的应纳营业税劳务、销售不动产和无形资产的行为，达到营业税起征点； (2) 非营利性科研机构从事与其科研业务无关的其他服务所取得的租赁收入、财产转让收入、对外投资等收入； (3) 属于营业税应税范围的在京外国商会对其会费以外各种名目的收入； (4) 单位或者个人将不动产或者土地使用权无偿赠送其他单位或者个人； (5) 增值税纳税人收取不征收增值税的会员费收入，学校下属部门开设培训班、进修班收取不属于学校收入，对学校未单独核算免征营业税项目。以上情形征收营业税。	(1) 达到增值税起征点的社会团体、事业单位以及其他单位（简称单位）销售应税商品，要缴纳增值税； (2) 单位将自产、委托加工或购进货物无偿赠送其他单位和个人，视同销售货物，征收增值税； (3) 营业税改增值税（简称营改增）地区的文化体育业销售不动产和转让无形资产，适用增值税一般计税方法； (4) 托儿所、幼儿园以开办实验班、特色班和兴趣班等为由另外收取的费用，以及与幼儿园入园挂钩的赞助费、支教费等超过规定范围的收费，征收增值税。

对教育部承认学历的大专以上全日制高等院校以及财政部会同有关部门批准不以营利为目的的学校和各类科研院所，在合理

数量范围内，进口国内不能生产的直接用于科学研究和教学用品，免征进口关税和进口环节增值税、消费税[①]。外资研发中心进口科技开发用品免征进口关税和进口环节增值税、消费税。

承担国家中长期科学发展规划中有关科技重大专项项目（课题）的大专院校、科研院所等事业单位进口项目（课题）中所需国内不能生产的关键设备（含软件工具及技术）、零部件、原材料，免征进口关税和进口环节增值税[②]。符合条件的科技类民办非企业单位进口与本单位所承担的科研任务直接相关的科研用品，在规定范围内免征进口关税和进口环节增值税、消费税。

向公众开放的科普基地，境外购买自用科普影视作品的播映权而进口的拷贝、工作带，以其他形式进口的自用影视作品，免征关税和进口环节增值税。文化产品出口按照国家现行税法规定享受出口退（免）税政策。

2．非营利组织商品税税收政策分析

（1）营业税改征增值税后有关非营利组织的规定存在缺陷。营改增之前，我国非营利组织所涉及的税种除了所得税外，主要是营业税。随着2016年5月1日全面试行营业税改增值税之后，增值税成为影响非营利组织的主要税种。从《营业税改增值税试点过渡政策的规定》中可以看出，增值税将营业税对非营利组织的所有政策予以衔接，即享受营业税税收优惠政策的非营利组织，在改为增值税后继续享受这些优惠政策。但是这些优惠政策仅仅涵盖了非营利组织中的某些公益慈善领域的某类行为，按照现行的增值税政策，《慈善法》所规定同属慈善领域的慈善组

① 财税〔2004〕39号，财政部、国家税务总局，《关于教育税收政策的通知》。

② 财关税〔2010〕28号，财政部关税税则委员会，《关于科技重大专项进口税收政策的通知》。

织颁布以后，增值税中没有相应的政策予以衔接。且增值税中除了教育、科研、医疗等相关领域或行业的某些项目实施了税收优惠政策，对于慈善组织所涉及的其他慈善领域没有相应的税收政策，按照税法公平原则其他具有公益或慈善性质的非营利组织在发生公益慈善行为应享有相应的税收优惠政策。

增值税规定个人和单位无偿捐赠自产、委托加工或购进货物、不动产或土地使用权给其他单位和个人，要缴纳增值税的规定的做法值得商榷。按照增值税的税法规定，所称的单位是指企业、行政单位、事业单位、军事单位、社会团体及其他单位。显然这里所指单位的范围包括非营利组织，那么非营利组织或个人将自产的商品、货物、不动产和土地使用权捐赠给其他非营利组织，或者行政单位将这些物品或土地捐赠给非营利组织，也要相应地缴纳营业税或增值税。从鼓励捐赠和促进非营利组织的角度，税法上应该区分捐赠主体捐赠行为的最终目的，对于非营利组织有助于公益的捐赠行为，是否应该实行免征增值税的税收政策。

我国是以流转税为主的税收体制，增值税税收收入在税收总收入中占有较大的比例（尤其是全面试行营业税改增值税之后），我国增值税税收政策对非营利组织的支持略显不足，如果非营利组织不是增值税的纳税人，那么它将负担所购进自用或用于公益或慈善商品和劳务的增值税。如果非营利组织是增值税的纳税人，就要区分其相关商业活动和无关商业活动免征和抵扣的问题。当然，对于无任何商业和营利活动的公益组织实施增值税税收优惠政策该采取零税率还是免税政策也要仔细分析。如考虑实施零税率，要解决好至少下列两方面问题，一方面是国家财政的承受能力，另一方面就要制定完善的税收管理制度，以防税收优惠政策的滥用。

（2）关税政策规定的范围偏窄并缺乏监管。从进口的救灾物资和援助物资免征的受赠对象上看，仅有中国红十字会、中华全国妇女联合会等少数组织接收海外捐赠才能够获得税收免征，将其他非营利组织排除在外。另外，对非营利组织关税政策只是规定了进口物品的关税政策，没有非营利组织向海外捐赠物资的相关规定。我国非营利组织向国外捐赠或国内的企业向国外受灾地区的捐赠，没有关税政策可以参照执行。还有如果我国非营利组织发生了在国外设置分支机构，或者国外的非营利组织在我国设置分支机构，所发生的应税劳务、用于公益的物资进出口，所涉及的关税问题将如何处理？如果考虑非营利组织公益性或互益性的特征，这些非营利组织若发生涉及关税的问题，是否采取与企业相同的关税政策并将如何进行监管？这些问题将随着非营利组织间国际交往合作日益扩大，所涉及的关税问题应该进行全面考虑并做出明确的制度安排，避免非营利组织所涉关税问题一事一议。

我国关税政策注重接收国外捐赠或进口商品的非营利组织主体资格的监管，缺乏对非营利组织以公益名义所进口的物品或资金以及接收海外捐赠物资后续使用情况的监管，没有监管非营利组织是否将以公益名义获得关税免征的资源真正用于免征关税所要求的领域，为某些不良非营利组织骗取关税和滥用关税政策提供了可能。

（3）相对多的税法规定较陈旧。在上述的税种中，相对多的税法规定比较陈旧，并且没有考虑非营利组织的特点。如在增值税等税收政策中，对企业之外的非营利组织还是采取计划经济时期单位这一称呼，并且按照法规中单位所涵盖的非营利组织范围，仅包括事业单位和社会团体，将民办非企业单位、基金会等团体排除在外。较多的税种中没有考虑基金会、民办非企业单位、慈善组织等非营利组织的税收政策，此类问题涉及税收实体法中相当多的税种。另外，《慈善法》颁布出台后，税法未出台相关的政策予以衔接，如在增值税、关税等流转税税种中如何享受相应的税收政策，没有明确的规定。《慈善法》颁布之前成立的非营利组织按其组织形式可以找到相应的税收政策执行，对于新成立的慈善组织因缺乏相关规定的税收政策，将在税收政策执行中出现相关问题。

5.4.3 我国财产税对非营利组织的规定及分析

1. 我国非营利组织财产税税收政策

财产税所包括的税种主要有：房产税、资源税、土地税、契税、车船税以及遗产税和印花税。印花税是调节特定行为，有学者因其是调整特定行为，而不归为财产税之中。本书为了税法体系的完整并考虑印花税与财产的转移、占有和收益有关，在此将印花税归为财产税中。资源税和车船税在我国税法规定中体现了普遍征收的原则，即在我国境内开发利用自然资源和购置车船的单位和个人，都要征收资源税和车船税，对非营利组织的规定亦是如此，因而不做单独介绍和分析。我国遗产税尚未立法，学者们仅是从理论上论证开征遗产税对于非营利组织具有较为重要的意义，普遍认为遗产税的开征可以倒逼捐赠行为。本书认为，在现有非营利组织税法体系尚未健全，对非营利组织的税收监管制度不完善的情况下，遗产税在实践中倒逼捐赠会起一定作用，但其作用能有多大值得进一步研究和探讨。

（1）房产税和城镇土地使用税。房产税主要是针对我国境内生产经营用房为征收对象，并按照房产余额或租金收入计算。事业单位、社会团体以及其他单位按照实际占用的土地面积，计算征收城镇土地使用税。事业单位、社会团体以及其他组织按市场价格向个人出租用于居住的住房，减按4%税率征收房产税。

以下主体免缴房产税和城镇土地使用税，即财政拨付事业经费单位自用的土地，宗教寺庙、公园、名胜古迹自用的土地，非营利性科研机构、非营利性医疗卫生机构自用房产，事业单位、社会团体和个人兴办的福利性、非营利性老年服务性机构其自用的房产，免征房产税。对高校学生公寓免征房产税①。

（2）耕地占用税。现行税法规定占用耕地建房或从事非农业建设的事业单位和社会团体，学校内经营场所和教职工和医院内职工住房占用耕地，按照当地适用的税额缴纳耕地占用税。

教育行政部门批准成立的学校（包括大学、中学、小学、学历性职业教育以及特殊教育学校）和幼儿园内专门用于幼儿保育、教育的场所，经批准设立的养老院内专门用于老年人生活照顾的场所，县级以上人民政府卫生行政部门批准设立的医院占用耕地建房或从事非农业建设，免征耕地占用税。

（3）土地增值税。事业单位、社会团体以及其他组织转让国有土地使用权、地上建筑物及其附属物并取得收入，要缴纳土地增值税。

事业单位、社会团体以及其他组织转让旧房作为廉租住房、经济适用房房源且增值额超过扣除项目金额20%的，免征土地增值税。

（4）契税。国有土地使用权出让、土地使用权转让（包括出售、赠与和交换）以及房屋的买卖、交换和赠与，承受单位和个人要缴纳契税。

以下行为免征契税：事业单位、社会团体承受的土地、房屋

① 该条规定的有效期为2011年1月1日至2012年12月31日，详见财税〔2011〕78号。

用于办公、教学、医疗和科研。事业单位按照国家有关规定改制为企业，投资主体未变化且接收原事业单位的土地、房屋。改制后投资主体发生变化的企业妥善安置原事业单位全部职工，所承受原事业单位的土地、房屋。与原事业单位超过30%的职工签订不少于三年劳动用工合同的，减半征收契税①。相关部门批准并核发办学许可证的教育机构，用于教学的土地和房屋，免征契税。

2. 我国非营利组织财产税税收政策问题分析

其一，我国财产税对非营利组织所实施的优惠政策缺乏公平。优惠政策从活动领域上看，主要集中在教育、医疗以及科普单位。从组织形式上看，优惠政策主要针对事业单位和社会团体。某些财产税同时使用组织形式和活动领域两方面进行获得税收优惠的限定，如在契税中规定，事业单位和社会团体承受的土地、房屋用于办公、教学、医疗和科研的，免征契税。也即是说事业单位和社会团体只有将土地、房屋用于上述领域的，可以获得免征契税的税收优惠，如果用于诸如扶贫、救助等其他公益活动将不会获得优惠政策。若按照非营利组织所包括的组织形式，如民办非企业单位、基金会等组织形式的非营利组织将所承受的土地或房屋用于上述领域，将不能获得免征契税的税收政策。

其二，财产税税收优惠政策缺乏相应的监管规定。比如在契税中规定，经批准成立的教育机构承受的用于教学的土地和房屋免征契税。这条规定从税法的本意是支持教育事业，可是问题在于只要教育机构经过行政部门批准的材料证明其土地和房屋用于

① 财政部、国家税务总局，《关于企业事业单位改制重组契税政策的通知》，财税〔2012〕4号。

教学，就可以当然地获得契税的免征，而不论批准之后的土地或房屋是否真正用于教学。同样在耕地占用税中，由教育行政部门和卫生部门所批准的学校及医院可以享受耕地占用税的免征，是不能够代替税务部门对占用耕地和土地是否用于免税用途的监管，税法中应明确税务机构具备每年核查和使用过程监管的权力，对于真正用于教学或医疗方面的，给予税收上的优惠，反之则征税。

其三，财产税对非营利组织所实施的税收政策较为陈旧。无论财产税的税收优惠政策还是征收政策以及涵盖的领域、范围，针对非营利组织的财产税税收政策还是比较陈旧，未能按照非营利组织的发展来完善有关税法，税收政策仅关注了某些领域。如《慈善法》颁布至今，没有任何有关慈善组织财产税相关的税收政策。

5.4.4　我国非营利组织税收政策存在的普遍问题

我国非营利组织税收政策除了在实体法中有其特定的问题外，还有普遍存在的问题及其产生的原因。

其一，税法对纳税主体——非营利组织的界定非常混乱，造成税收政策的混乱。非营利组织在税法中既有按照组织形式界定，如社会团体、基金会、事业单位、民办非企业单位。也有按照组织所从事的领域界定，如非营利性科研机构、非营利性医疗机构等。还有按照非营利组织的性质界定，如公益慈善组织、慈善组织等。非营利组织在税法中多个界定标准，一方面与我国非营利组织的税收政策比较陈旧有关，同时也表明我国非营利组织的税收政策至今未能从整体的角度并从顶层设计，以理顺税法中非营利组织界定问题。税法对作为纳税主体的非营利组织界定和分类的混乱，既造成各个法规之间的矛盾和相互涵盖，又造成具有相同性质或宗旨相同的非营利组织享受不同的税收政策，有违税法的公平。也为税法的实施增添的困难，加大了税法的执行成本和遵从成本。

其二，严重的行政许可主义和税收监管法规匮乏。严重的行政许可主义表现为，我国非营利组织要取得法律认可的地位必须要具有“官方”的身份，而且非营利组织在我国有着浓厚的行政色彩，比如我国的大学和事业单位都有相应的行政级别，其成立都要经过相关的行政部门审批成立。在非营利组织税法中当然也认定，行政机关审批认定身份的组织就一定会按照批准成立时的宗旨进行运营，致使我国非营利组织的税法中过多的出现如“经教育行政部门审批成立的、卫生行政部门审批成立的”等审批成立的非营利组织。非营利组织一旦取得这些行政部门审批成立后，就能够获得相应税收优惠政策或免税资格，税法缺乏后续运营过程的监管制度，即使是有税收的征管制度，涉及有利于监管方面的规定也多为原则性的规定，为非营利组织和捐赠人利用税法的监管乏力偷逃税款提供了便利。由于缺乏相应具体和严格的监管法规，致使税务机关监管乏力从而无形地扩大其自由裁量权，税务机关易于被寻租，法定主义原则难以贯彻。我国非营利组织的税收监管制度可以用严格的许可主义和监管上的放任主义来概括。严格的许可主义体现在税法中就是严格准入制度的标准完全掌握在行政单位的手中，并且是双重的标准。监管上的放任主义就是一旦非营利组织通过了许可就可以获得税收优惠，对其活动是否能够遵从享有税收优惠政策所要求的条件从事活动的监督就较为放任。

其三，有关非营利组织税收政策比较陈旧，税法与民法等法规间协调性差。《慈善法》颁布至今，除了所得税法中对慈善组织的税收政策有所体现外，其他税法、法规中没有很好地与

《慈善法》中所规定的慈善组织、慈善信托等非营利组织进行规定。税法中还存在着 20 世纪八九十年代的税法法规，没能及时根据时代发展予以跟进，有些税种的规定还停留在非营利组织的某个领域或行业。我国非营利组织的税法与法规之间协调性差，存在下位法违背上位法、相同性质的组织享受不同的税收政策、不同性质的非营利组织享受相同的税收政策的问题，税收政策有违税收法定主义原则和公平原则。税法与民法等法规之间也缺乏协调，民法中常常出现需要税法制定和颁布的法规，民法对非营利组织内涵规定的繁杂一定程度上造成了税法称谓上的混乱，而税法对非营利组织的界定常常与民法等称谓的不相容，一定程度造成税法执行的混乱。

总之，我国非营利组织的税收政策普遍存在较为突出的问题是非营利组织本身界定不清，非营利组织分类公益性突出不足，获得非营利组织税法认定的“门槛”较高，获得法律地位后监管方面的税收政策供应不足。可见，从税法公平原则上看，我国非营利组织未能公平地享受税收政策。从税收法定主义原则来看，课税要素的模糊性，行政机关的大量立法以及监管法规的匮乏，致使我国非营利组织在税收立法、执法以及司法尚未完全坚持法定主义原则。

第6章 我国非营利组织税收政策体系构建

随着我国经济的发展，非营利组织也必将蓬勃壮大，不可避免地要面临越来越多的税务问题，对国家整体税收政策的影响也日益显现，时代发展和进步对我国非营利组织的税收政策提出更高和新的要求。从经济学的角度来审视，非营利组织得以存在就要完成出资人的（或捐赠人）的委托，实现其委托资财的公益目标。在公共利益的问题上，由于公益性所涉及的领域的宽泛性以及易于利用，政府总是滥用公共利益以不断扩大税收征收和优惠的范围，因而对于公共利益的界定就要立法透明、对公众实行民主商谈、公开程序并注重行政机关和司法机关的分工和监督①，来形成和促进公益。

根据理论分析，非营利组织或捐赠人的资

① 房绍坤，王洪平：《公益征收法研究》，中国人民大学出版社 2011 年版，第 205 页。

金或援助最终是用于公益还是用于其他决定赋予非营利组织和捐赠人何种税收政策。委托代理理论表明，非营利组织和捐赠人不可能完全自律地遵守公益契约，因而非营利组织税收政策制定还要侧重于非营利组织和捐赠人的资源用于公益与否的规制与监管，针对以公益为名却未行公益之实的捐赠人或非营利组织予以惩罚，用法律的手段促成公益形成，提升非营利组织的公信力。本章就是基于上述逻辑，在第5章我国非营利组织税收现行政策问题分析的基础上，以税收法定主义原则、公平原则为基础，在考虑非营利组织与营利组织相差别的基础上，按照全面性、差异性、透明性和可稽核性原则，提出构建和完善我国非营利组织税收政策体系。

6.1　我国非营利组织税收体系的构建原则

6.1.1　我国非营利组织税收政策体系的构建原则

我国非营利组织总体的税收政策应该是以促进和谐社会构建为目标，合理运用税收调节和诱导的手段，促进非营利组织在公益和慈善领域内发挥作用。

非营利组织的税收政策体系合理构建，除了要坚持税法最基本的法定主义原则、公平原则以及效率原则外，因本身所具有的特性，在构建税法体系中还要注重完整性、差别性、透明性以及可稽核性原则。

1. 完整性原则

我国非营利组织税收政策本应按税法体系的框架，从整体上设计和安排，形成立法、执法、监管、处罚完整的税法体系。可是我国非营利组织税收政策的现状行政立法过多、税收征管法和实体法中有关非营利组织的规定匮乏，监管和处罚措施不足，致使我国非营利组织的税收政策实施中的行政成本和遵从成本过高。因而在构建我国非营利组织过程中，及时清理并废除与法律相悖的行政法规，弥补税法中非营利组织相关制度及监管制度的匮乏，保证税法体系的完整。

2．差别性原则

非营利组织有别于营利性组织，因而在非营利组织的税法体系构建就要体现有别于营利组织的税收政策。可按我国现行税法，非营利组织在纳税申报、信息披露、账簿管理、发生营利性收入等方面，所执行的多为营利组织的税收政策。非营利组织没有单独的纳税申报表，只反映非营利组织纳税义务情况，却不能反映非营利组织税收优惠政策的执行情况。从事营利活动，也按照营利组织一样纳税，而不考虑其营利活动的最终目的。因而，在非营利组织税法体系构建中要充分考虑非营利组织与营利组织的差别，制定与非营利组织相符的税收政策。

3．透明性原则

透明性原则是指构建非营利组织税收政策体系，特别要强调非营利组织所提供的信息要及时准确和公开透明。非营利组织向公众、捐赠人、政府等相关方除了要提供财务信息之外，还要以申报表、内部控制报告等多种形式报告组织履行公益宗旨的情况，并及时公开透明地向社会公众、政府、捐赠人报告，为公众和政府（税务机构）了解非营利组织所获收入的使用方向。从而提高非营利组织的公信力和监管的效率，也为税务机关判断所赋予的税收政策是否合理提供依据。

4．可稽核性原则

可稽核性原则是要求非营利组织的税法中要明确规定非营利组织的每一笔收入，每一笔支出都有据可查，都能够经得起核查。可稽核性原则和透明性原则相互配合，能够有效地防止非营利组织的税收政策被滥用。

6.2 我国非营利组织税收法律体系的健全和完善

6.2.1 我国非营利组织税收体制的健全和完善

我国非营利组织的税收体制存在的主要问题为立法中多处出现法规之间相悖以及大量的行政机关立法有违宪法保留原则。税务征管体制中缺乏专门的非营利组织管理机关。

1. 提高立法层级，理顺相关法律和法规的关系

目前，我国对于非营利组织相关税收法律方面的规定，大多数由国务院授权财政部和国家税务总局以法规的形式加以规定，只有少部分法律由财政部和国家税务总局起草后由国务院提交全国人大及其常务委员会审议。因此要降低行政立法的比例，要根据法规、规章的实效以及与当前的社会经济发展状况，及时清理和废除已经与当前非营利组织发展不相符和矛盾的法规和规章。立法过程中增加公民和非营利组织的参与，减少部门利益的倾向性。非营利组织税法立法要注重与民法等法律法规相协调，将那些相互之间存在矛盾的法律法规予以理顺。

2. 规范税法解释，完善非营利组织税法中相关的原则性规定

财政部和国家税务总局在进行非营利组织税法解释的过程中，要明确税法解释的时效性、规范税法解释的程序、明确税法解释的权限。做好法规与法规之间协调和衔接问题，避免下位法

违背上位法的现象。另外逐步完善和解释非营利组织税法中大量原则性规定，增加税法供给，实现非营利组织税法明确性原则，减少税收执法机构的自由裁量权。现行税法有关非营利组织的原则性规定应在税法中给予明确，以税法解释的形式给予解释性规定①。尤其是我国的税法缺乏对非营利组织资金使用、履行宗旨、信息公开披露等方面详细和可供执行的税法规定。这些反应组织宗旨活动信息披露规定的匮乏，使非营利组织所从事的活动不被公众所了解，成为我国非营利组织备受公众质疑的根源。

3. 健全非营利组织的税务执法机关

世界上任何国家的税务执法管理都要依靠一定的组织机构，我国非营利组织的税收执法现状就是没有单独设置非营利组织的税收执法机构。按照税务机构设置原则要求，就是通过合理的职权和职责划分，实现纳税遵从成本和征管成本最低。当前世界各国在设置税务管理组织机构所采取的设置模式，有按照经济发展区域，有按照纳税人需求设置，以及采取混合设置等模式。混合模式是在税收管理的体制中，即体现中央到地方垂直的管理体系，又体现按照税种、职能和纳税人类型设置税务管理机构②。具体到非营利组织的税务管理机构，英国采取慈善委员会审查，而后税务机关执行的体系；美国专门设立了非营利组织的税务管理机构，以加强和方便对非营利组织相关税收问题的专业化和专门化的管理。随着我国非营利组织数量、所掌握的资财以及活动范围的扩大，涉税的问题也越来越多并借鉴国际经验的基础上，本着完善我国非营利组织税收征管角度，建议我国税务系统内部

① 这类问题将在税收征纳实体法中进一步展开和论述。

② 付伯颖、苑新丽：《外国税制》，东北财经大学出版社 2007 年版，第 309－310页。

设置专门管理非营利组织的税务机构，以更好地实现对非营利组织的税收监管。按照非营利组织属地收益的原则，非营利组织专门的税务管理机构放在地税局为好，所随附的税收收益权和税收入库权也相应地收入到地方金库。至于全国性的非营利组织，无论是管理的级别以及所涵盖的范围，还是由国家税务总局管理，更能符合我国国情。

6.2.2　我国非营利组织税收征纳程序法的健全和完善

1. 非营利组织税务管理制度的完善

（1）完善我国非营利组织税务登记制度。自“三证合一”开始实行之后，非营利组织实现了工商或民政部门登记即取得税务登记，税务机关可以从设立的源头管理非营利组织，因而在税收政策中就要修订发生纳税义务 30 天内向税务机关登记的制度要求，改为非营利组织应该从成立时就要进行税务登记。同时，税法中增加按性质进行分类登记的条款，非营利组织在申请登记时就要按照不同类别予以分类。税务登记时以分类确定非营利组织的税法地位以及执行何种税收政策。税法要明确按照非营利组织分类制定相应的登记表格，这些表格在非营利组织设立登记时至少要求其填报组织的地址、组织形式、组织章程、组织活动的宗旨、组织主要管理人员的基本情况以及利益相关人的情况、未来和过去（指运营一段时间的非营利组织申请免税资格）的财务运行计划或财务报表等资料。同时，要完善非营利组织变更登记、注销登记等相关登记制度，对非营利组织的资源实现从成立到终结的全面管理。

非营利组织管理人员在非营利组织中起到关键性的作用，在非营利组织税务登记制度中，建立非营利组织管理人员的登记审查制度。非营利组织税务登记资格审查时，要对管理人员的资格进行审查。结合我国大多数非营利组织管理人员任命制度，资格审查内容应该包括管理人员是否有过欺诈，尤其是逃税记录，是否有过不良诚信记录，在不侵犯个人隐私的前提下对管理人员及其直系亲属的信息进行审查等。从整体上形成一套有利于对管理人员的监督制度，以防止非营利组织为不良人员所掌握。当然，由于我国当前信用体系以及相关法律、制度尚不完善，实行上述信息公开制度虽有一定难度，但是对管理人员的审核和监管无疑是非营利组织税法体系中较为关键的一环。

（2）完善我国非营利组织纳税申报制度。其一，非营利组织获得法人地位和税法认定的资格后，税务机关和捐赠人有权力（利）要求非营利组织对其营运和资金的使用情况以及遵守税法的情况进行年度的报送和公开。其二，纳税申报表的设计要能够使非营利组织对其营利行为以及履行宗旨情况正确反映和申报，故税法中要更新当前非营利组织的纳税申报表，全面反映非营利组织资财的运营情况，有效表明组织过去的活动以证明组织完成宗旨活动的总体情况，供捐赠人、公众以及政府相关机构的监督，为税务机构是否继续赋予非营利组织税收优惠政策和捐赠人是否捐赠提供依据。因此，从完善我国非营利组织纳税申报制度的角度，建议我国非营利组织的纳税申报表可以参照美国非营利组织所填报的990系列表格，并按照非营利组织的分类、资产总额和收入总额编制不同的申报表。

我国非营利组织的年度纳税申报表的设计至少要包括以下内容：组织的基本情况、组织的宗旨活动完成情况的报告、非营利组织主要管理人员的报酬、非营利组织的收入情况报告、费用支出情况报告以及财务报告（包括资产负债表、现金流量表、利润表）。组织的宗旨活动完成情况的报告，该报告主要展示组织的宗旨、组织的发展规划以及完成情况。组织的发展规划，主要反映组织将来如何推动组织宗旨的活动。

（3）完善非营利组织的账簿管理和涉税发票管理。我国非营利组织账簿管理以审批获取的制度制约委托人获取组织信息。因而要修订非营利组织账簿管理制度，非营利组织的捐赠人以及其他委托人可以通过非营利组织公开的网站或者到非营利组织借阅，无须经过本单位的负责人批准，非营利组织要提供查阅账簿的便利。

我国非营利组织的票据管理，在解决税务登记管理问题后，只要是通过税务登记的非营利组织，就有资格获得正规的票据。以税务登记为取得票据的前提，将转登记和未登记的非营利组织纳入到非营利组织的管理范围之内。从便于发票管理的角度出发，建议将非营利组织的票据由当前的财政部门和税务部门分别监制，统一合并为由税务部门监制，这样既便于税务部门审查非营利组织资格和后续通过票据进行监管相联系，又能防止票据发放和管理的混乱。印制票据的过程中，把现有的财政部门所印制的公益性捐赠票据、社团会费统一收据、往来结算收据等票据统一为非营利组织公益收入票据，记录非营利组织接收捐赠、会费等免税收入并作为免税依据，以有别于营利性收入票据，非营利组织领取票据时按照分类加以区分。非营利组织票据的统一管理，即有利于税务机关提升管理效率，也利于源头上对非营利组织所使用的票据加以监管。

配合纳税申报制度、账簿管理制度以及票据管理制度，制定完善的非营利组织信息披露制度，以增加非营利组织运营的公开和透明，我国税法中要明确规定非营利组织的年度纳税申报表、账簿等反映组织宗旨活动信息的公开时间，在报刊、官方网站等公共媒体上公开，公众可以及时和随时获得有关非营利组织相关的信息。这些公开的信息按照类别制定统一的信息披露表格予以披露，使公开的信息具有可比性和便于理解，而不是现行的由非营利组织自由决定公开信息的格式、内容。

2. 非营利组织税款征收制度的完善

我国非营利组织的税款征收制度的主要缺陷为没有划分营利所得的公益性或营利性活动与非营利性活动的成本费用分配以及免税义务履行情况。对于以上的问题，要针对不同类别的非营利组织加以完善，对于没有任何营利性行为的公共慈善组织，申报表要反映组织获取资财情况以及用于公益宗旨履行及相关费用的支出情况，着重判断对其免税政策合理与否。支持公益宗旨活动而从事营利性活动的公益组织和互益组织，税款征收制度设计的核心就要便于税务机关和捐赠人对营利性收入最终使用方向予以监管，可以通过这类组织的纳税申报表、财务报表、现金流量表来反映组织的营利性收入是否用于宗旨活动。从事与组织无关的商业或贸易活动收入，从税款征收制度的角度就是要做到应收尽收，这就要求税法中明确区分营利性收入与非营利性收入，区分营利性收入相关费用和非营利性收入的相关费用，将两者的费用使用比较合理的方法加以区分。

3. 税务检查制度的完善

我国非营利组织的税务检查制度的完善，其前提条件是非营利组织的纳税申报制度、信息披露制度、登记制度等相应基础性制度法规完善的基础上，注重检查非营利组织相关资财的使用方向为检查的重点，衡量所获资财使用的效率、效果以及非营利组织对税法的遵从情况。

4. 完善非营利组织税收处罚制度

我国非营利组织相关税收义务的缺失，是导致税收征管法中有关非营利组织处罚制度缺失的主要原因。完善后的税收征纳制度和税收管理制度，在增加非营利组织的相关义务的基础上，必然要配以相应的处罚制度。既能更好地监管非营利组织，又能够防止非营利组织的税收政策以及资源被滥用。

其一，增加对非营利组织高级管理人员协助逃税行为的处罚规定。非营利组织高级管理人员协助他人逃税，除处罚非营利组织外，根据刑法及民法的规定，按照所逃税款的金额、高管人员所起的作用等情况，对非营利组织的高级管理人员给予相应的处罚，并追缴所逃税款。

其二，对非营利组织及其相关利益人的关联交易行为予以处罚。非营利组织的捐赠人从非营利组织获得的利益回馈的价值大小，占捐赠价值的比例应作出明确的规定。对于为了获得非营利组织利益回馈的捐赠，可考虑将所获礼品的公允价值在免税捐赠中扣除。而对于非营利组织回馈的价值等同于或超过捐赠金额，该捐赠就要成为税务机关的重点关注对象，对于通过捐赠获得利益反馈方式逃税的捐赠人，按照金额的大小，对于捐赠人、非营利组织及其管理人员，可以依据我国税收征管法的第六十三条和六十五条的规定予以处罚，情形比较严重的可以按《刑法》的逃税罪提起诉讼。

其三，明确非营利组织的管理人员变相提高薪酬、福利待遇等行为的处罚规定。我国相关的法律法规对非营利组织的管理人员及福利待遇有具体的规定，却没有相应的处罚措施。为此在征管法中应加入非营利组织变相提高工资和福利待遇超过当地平均工资①两倍的，应予以一定的处罚。处罚的方式可以采取将所超出的部分退还非营利组织并对非营利组织的高级管理人员予以一

① 该条规定是按照财税〔2009〕123 号函的规定，税务登记所在地人均工资的两倍，税务登记所在地和工作地在实际操作中可能相同，也可能不同，不同地区的工资是有差别的。另外人均工资和福利的规定是比较模糊的概念，对于人均工资是按照同行业的人均工资还是不同行业的人均工资，而福利待遇更是没有一个统一的规定。因而在我国税法中应明确人均工资和福利待遇的参照标准，借鉴国外经验，这两项应该参照行政单位的工资和福利待遇予以判断更为科学。

定的处罚，超过一定数额也可以考虑取消非营利组织相应的免税资格或捐赠扣除资格。为了更好地核算非营利组织的相关费用，税法中要明确行政办公费用、年度管理费用等费用所涵盖的范围和所适用的非营利组织类型，合理确定维持组织整体高效运营的最低费用标准，进而推定组织各项费用尤其是人员工资、待遇的标准，为和谐执法奠定基础。

其四，明确非营利组织未能按照规定进行信息披露处罚的规定。在与民法等相关法律法规协调的基础上，明确不同类型的非营利组织信息公开披露的格式、形式、内容，进而在税收处罚法中明确规定非营利组织未能及时披露信息的处罚措施，对于未按规定要求予以信息披露的管理人员和非营利组织都将受到不同程度的处罚。

其五，加大对非营利组织滥用票据的处罚力度。给予滥用票据的责任人、管理人员以及非营利组织相应的处罚。处罚的方式可以采取罚款、追缴逃税所得、取消免税或捐赠扣除资格直至追究刑事责任。

6.2.3 我国非营利组织税收征纳实体法的完善

1. 非营利组织所得税法的完善

（1）按照非营利组织性质不同分类，重新赋予免税资格和捐赠扣除资格。我国现有的免税资格和捐赠扣除资格的非营利组织从满足的条件上来看，两者所要求条件是相同的。实际上满足捐赠扣除资格的条件就满足了免税资格的条件，应该享有相同的税收政策。由此，我国非营利组织享受的企业所得税政策安排为，将从事公益活动且没有营利行为的非营利组织统一界定为公共慈善组织，并对按照《慈善法》要求成立的慈善组织按税法要求审查的基础上归为此类，这类组织可以同时享受免税资格和捐赠扣除资格。互益类非营利组织因其公益范围较小，享受免税资格却不能享受捐赠扣除资格。人民团体按照政治组织进行管理，它可以享受组织本身的免税资格却不能享受捐赠扣除资格。转登记的非营利组织可以重新申请登记，而未登记的非营利组织给予申请登记，并将它们按照组织的性质加以分类，享受与性质相应的企业所得税税收政策。

（2）非营利组织中要区分营利行为中的相关和无关营利活动。我国的非营利组织的实践中，许多非营利组织从事营利活动。为了适应实践中非营利组织的营利性行为，税法中应该明确非营利组织与组织公益目的相关营利行为和与组织公益目的无关营利行为。即对于相关营利行为（即营利后的利润仍然用于组织的公益活动）可以继续享受税收上的优惠，而对于无关营利行为在限定这类无关营利活动的收入占非营利组织的总收入比例的前提下，按照营利的应纳税所得进行纳税。对于无关营利活动收入超过总收入比例的情形，予以取消其非营利组织在税法上所拥有的免税资格。为了避免非营利组织滥用税收的优惠政策，也要考虑非营利组织的营利活动和非营利活动之间的成本和费用间的合理分配，避免将营利活动的成本和费用转移成为非营利活动的成本和费用，明确哪些是慈善费用，哪些是非慈善费用。通过健全会计制度来规范核算非营利组织无关营利活动的收入和费用，为应纳税额的准确核定提供基础。无关营利性活动和非营利性活动费用、成本具体的区分方法可按照非营利组织所取得的营利性收入和非营利性收入占收入总额的比例来进行划分，这样划分方法比较有利于体现配比原则。为配合税款征收，可以要求在这类组织的财务报告中增加利润表，以便于税务机关核定税款。至于非营利组织无关营利活动所产生的商品税和财产税，按照营利性组织的税款征收制度执行更能体现公平原则。

（3）理顺非营利组织在企业所得税法中的相关概念。理顺我国现行企业所得税法中宗教活动场所、公益慈善组织等概念与免税资格和公益性社会团体之间的关系。将所得税法中的宗教活动场所进行明确的指定，它们是指在教堂、清真寺、寺庙、道观等活动产生从事宗教类活动的宗教类组织，将其归类为公益性非营利组织。宗教类组织所举办的公益类活动按照公益类组织进行管理并享受相应的税收政策，从事的与宗旨无关的营利性活动应执行营利组织相应的税收政策。至于《慈善法》中所称的慈善组织，虽然公益和慈善在词义以及所涵盖的范围都有所不同，但各国税法对于公益行为和慈善行为所采取的却是相同的税收政策，因而建议在我国的非营利组织税法中采取以公益涵盖或等同于慈善的处理方式，避免税法中概念的混乱。

（4）完善财产捐赠的税收政策。《慈善法》中规定了捐赠财产（货币、实物、房屋、有价证券、股权、知识产权等有形和无形财产）可以享受税收优惠政策。现行税法除了有价证券明确规定按照历史成本计价，其他财产捐赠按何种价格计价，应在税法中予以明确。对于那些一次性捐赠不可分割的物品且价值较大，超过捐赠人或企业当年扣除标准的捐赠，可以递延抵扣。按照企业和个人所得税法规定的个人和企业抵扣的比例逐年扣除，直到扣完为止。捐赠资源的定价可以采用市场公允价值、评估价、成本加成计价等方法予以计算抵扣额，鼓励捐赠人各种捐赠行为。无论采取何种计算方法，都要加强监管并制定严密的监管和处罚法规，以防止通过抵扣额计价的方式滥用税收优惠政策。

（5）清理下位法违背上位法相关规定。我国企业和个人所得税法较严重的问题是下位法违背上位法，下位法对上位法的缩限性解释。建议立法部门从整体上清理和废止一些行政部门所发布的与上位法相抵触的法规、规章，明确废止那些捐赠扣除的比例与企业所得税法规定扣除比例不同的扣除比例，还税法以公平。另外，废止财政部和国家税务总局所发布的对于符合免税条件的非营利组织的收入免征所得税相关缩限性的解释规定，维护上位法的权威。

2. 我国非营利组织的商品税和财产税法的完善

（1）制定非营利组织增值税和营业税税收政策间的衔接。我国实施营改增后，至少税法针对非营利组织要完善以下方面。其一，明确将营改增后的税收政策由现行的按照公益或慈善领域优惠改由按照组织性质认定，按照非营利组织的性质以及公益或慈善活动的范围来确定优惠政策，或者比照所得税法捐赠扣除资格和免税资格的认定方式赋予税收优惠，以体现税法的公平。其二，从支持公益的角度，对于个人、营利组织以及非营利组织向公益类非营利组织捐赠的自产、委托加工或购进货物、不动产或土地使用权，免征其增值税。其三，研究制定支持公益宗旨的非营利组织增值税税收政策，可以考虑对于公益类非营利组织所购买自用和用于公益的商品增值税的优惠。当然，这类税收政策的出台的同时要评估财政所承受的能力，也要制定相应的监管措施，以防止非营利组织借公益之名逃税。

（2）拓宽关税政策并加强监管。从更好地利用国外捐赠物资支持公益的角度，拓宽我国非营利组织在接收捐赠物资免征关税的范围，只要是能够将捐赠物资用于公益的非营利组织应该都有机会和资格享有接收捐赠物资免征关税，比如由税务部门认定的具有捐赠扣除资格和免税资格的非营利组织。另外，在关税政策中增加我国非营利组织向国外进行公益捐赠和灾难援助的关税政策，明确用于公益捐赠和灾难援助方面的物资、商品，免征关税。对于接收国外捐赠物资和向国外提供捐赠的物资，要制定严格的监管法规，制定的监管法规要符合可稽查性和透明性原则，以避免国外非营利组织和国内非营利组织以公益的名义骗取关税。

（3）适时推出遗产税，诱导遗产捐赠。尽管税收理论界对于开征遗产税有相当多的疑义，但是开征遗产税对于鼓励和诱导捐赠无疑会发挥促进作用。借鉴国外遗产税经验，我国可以研究遗产税的征收对象、计税依据、税率等相关政策，适时开征遗产税。

（4）扩大财产税优惠范围，加强财产使用方向的监管。改变现行财产税中审批制度为享受财产税免税政策为前提，变为以税法明确规定和使用过程的监管为最终确定免征政策与否，以使得对公益免征财产税的财产真正用于公益。扩大财产税的免征范围，将非营利组织从事公益活动所用的房产、土地、土地出让等财产，免征相应的财产税。

6.3 非营利组织其他配套制度的健全

我国非营利组织的税收政策整体框架的完善，少不了其他制度的配合。这些制度包括能够反映非营利组织财务信息的会计制度、实现信息披露真实准确的内部控制制度、保障纳税人权利的税务司法制度以及便于非营利组织成立和运行的其他相关协助制度。这些制度的健全和完善，能够使非营利组织税收政策更加完善，达到内部监管和外部监管协调，实现非营利组织税法体系的完整和监管的有效性。

6.3.1 我国非营利组织会计制度规范

非营利组织是承担多方委托责任的组织，非营利组织的会计目标主要是反映非营利组织受托责任的履行情况，非营利组织的会计目标与非营利组织税收监管目标相同，即非营利组织是如何履行宗旨实现公益的。为此非营利组织的会计目标就是要保障所提供的会计信息能够准确真实地向受托人反映组织运作情况。明确的会计目标和税务监管目标为会计制度的制定提供指导，我国非营利组织现行多样性的会计制度导致会计目标的多样性，不利于受托主体——政府、捐赠人以及公众对于非营利组织履行受托责任情况的解读。因而，从非营利组织的会计目标出发，结合我国非营利组织税收制度，我国非营利组织的会计制度要按照权责发生制的原则，在参照《事业单位会计制度》《民间非营利组织会计制度》《企业会计准则》以及《政府会计准则》的前提下，统一非营利组织会计制度，准确地反映受托责任的完成情况。准确反映非营利组织的资金、资产的最终流向。在非营利组织的统一会计制度核算下，形成的财务报告要包括以下几类，即资产负债表、业务活动表、现金流量表、财务情况说明书，以及非营利组织的捐赠收入支出表、行政费用支出表、管理人员收入表等反应组织实际运营情况的报表。另外，对于有经营行为的非营利组织，要根据营利活动的繁简区别对待。经营活动独立并比较复杂的可以采取编制利润表。经营活动比较简单的可以在财务报表中以经营收入和经营支出科目进行核算，用以核算和报告应纳税所得额和经营性收入，为纳税申报提供基础信息。

6.3.2　我国非营利组织内部控制制度建立

内部控制制度作为组织内部管理的行为准则和治理模式，它能够实现非营利组织内部的有效管理，提高非营利组织的透明度和可信度，在一定程度上能够提高非营利组织的公信力并为税务机构判定对非营利组织所执行的税收政策合理与否提供内部信息。内部控制的本质上是以风险为导向的管理，其目的是通过对组织内外部风险的评估和控制，以更加有效地实现组织的最终目标。非营利组织的内部控制制度建设的要求，是依据委托代理理论从内部监督非营利组织作为代理人履约情况，能够有效防止内部人滥用公益资源。实践中，美国在税法中要求一定规模的非营利组织要在990申报表上填报非营利组织治理结构的情况①，作为税务局判断非营利组织是否按照组织的宗旨行动提供参考依据。

2012年财政部发布《行政事业单位内部控制规范（试行)》，开启我国非营利组织内部控制制度规范建设。在借鉴我国行政事业单位内部控制实施规范的基础上，逐步推进我国非营利组织内部控制建设。按照全面性、重要性、制衡性和适应性等原则，认真梳理非营利组织的业务流程和业务活动的环节，分析非营利组织活动的风险点，运用不相容岗位相分离、授权审批控制、会计控制、预算控制、财产控制、信息内部公开等方法，以确保非营利组织的资产使用有效和安全，财务信息真实完整，防范舞弊，提高公共服务的效率和效果。在税法上要求非营利组织提供内部控制执行和披露的情况，使其成为财务报告的重要组成部分。非营利组织的管理层要对内部控制的有效性、内部控制的标准和依据、内部控制的重大缺陷以及整改措施等内容负责。非营利组织应及时披露对组织有重大影响的所有重要的表外项目，做到信息披露责任到责任人的制度，对于漏报、错报和舞弊行为的披露，要加重对责任人的处罚。

① 有学者认为治理结构要包括内部控制制度。有学者认为治理结构和内部控制两者之间联系密切，治理结构和内部控制两者在内容、目标等方面有重合和交叉。在本文中，我们强调内部控制的重要性，侧重非营利组织内部监管的角度，即非营利组织是否能够控制了内部的风险，以有效实现组织宗旨，进一步判断所赋予的税收政策合理性与否。

6.3.3　我国税务司法制度的完善

国家税务总局《税务行政复议规则（暂行）》（2004）和《税务行政复议规则》（2009）出台后，非营利组织才有进行申诉的相关法律，申请人对行政复议决定不服的，可以向人民法院依法提起行政诉讼。但是我国当前的司法的状态是司法体制的行政化、地方保护主义严重、司法机构监督制约机制缺乏①、法院审判行政化、审判程序的审批化等②。没有单独的税务法院、没有专业性极强的税务法官，由于法院的人员不了解税法，无从下手，最后大都是在税务机关的指导下结案，这一现象在我国普遍存在③。所以在非营利组织的税务司法问题上，也只能按照现有的状况来提起税收司法诉讼。

因此，我国有必要借鉴英美国家的税务司法制度，培养专门的税务司法人员，建立适合我国国情的税务司法系统，为非营利组织提供税务司法救济，给非营利组织和捐赠人提供法律上应有的救济权。

6.3.4　我国非营利组织法人登记制度的完善

我国相关法律法规对非营利组织的管理实际上以控制为主，尤其是非营利组织的主管部门，一旦审查和批准某类非营利组织成立，就要担负一定的责任。民间组织要获得法人登记，必然要首先找到能够承担责任的主管部门。主管部门是否愿意成为非营

---

① 黄丽燕："试谈司法公正对法官角色的要求"，《中国校外教育》，2012 年第 1 期。

② 孟凡麟："司法改革：司法本性的沦丧与重塑"，《甘肃社会科学》，2003 年第 2 期。

③ 张美中：《税收契约理论研究》，中国财政经济出版社 2007 年版，第 193 页。

利组织的业务主管部门，较为侧重于非营利的组织是否能被有效控制、能否使部门利益最大化。这种审查制度本质上是将非营利组织置于政府的完全管控之下，并不是鼓励和引导并以法治进行监管。我国非营利组织主管部门审查所依据的法律大多为国务院或者相关部委所制定相关的法规，这些法规多少会掺杂部门意志和价值理念并强加给非营利组织。我国非营利组织主管部门和登记机关双重审查才可获得法人地位，这种方式不利于非营利组织法人地位的取得。目前无法取得登记注册的转登记和未登记的非营利组织大约是合法登记的民间组织的 10 倍①。

完善我国非营利组织的法人登记制度，提高我国非营利组织成立登记的立法层次，也符合我国立法法的精神和法律保留原则。因为宪法规定我国公民有结社的自由，完成宪法所托必然应该由法律来规范，以行政法规或政府审批来限制和管理无疑违宪。因此要提高现有非营利组织法规的立法层级，应由全国人大及其常委会在现有非营利组织相关法规的基础上，研究制定非营利组织法，统摄现有法规。新非营利组织法从根本上解决双重审查登记制度，非营利组织取得法人地位可以采取单一登记制度代替现有的双重审查制度，向登记管理机关申请登记时，无须获得其他相关部门的批准，一旦发生违法行为，国家便按照法律进行处罚。给予非营利组织以简便的登记审查，但是却有严格的监管，以使得非营利组织能够按照所登记的宗旨进行活动。完善非营利组织的界定问题，统一非营利组织的涵盖范围和分类，至于组织形式，可以继续采取社会团体、民办非企业单位、基金会以及事业单位等组织形式。总之，无论采取上述哪种方

① 王名：“改革民间组织双重管理体制的分析和建议”，《中国行政管理》，2007 年第 4 期。

式，当务之急要解决现行法规中“不得从事营利性活动”的强制性限制，将该条款修改为“不以营利为目的”。这样既能解决实践中非营利组织中存在的营利行为，又使得民法规定与税法相协调。

总之，发轫于西方的民主法治进程从形成路径上看，主要有三种模式，即依靠政府自上而下模式，民间的自下而上的模式以及政府和民间的共同推动的模式。单靠政府推动容易造成的法律工具主义和国家行政权力向法律的无限延伸，民众自下而上的推动模式容易产生自由主义的泛滥，政府与民众互动的模式可以克服两者的不足。反观我国非营利组织的税收法治，有关非营利组织的政策无不体现政府主导、政府审批，尤其是主管部门主导和审批。税收政策的制定上更是过多地体现了税务主管部门即税务机关的意志，鲜有民间组织和民众的参与。执法机构更多地参与了立法行为，与控制国家权力滥用的宪政精神不符，也造成了寻租行为的泛滥。作为税收法治公平最后保障的税务司法，囿于司法制度的独立性，使得税务司法的公平性大打折扣。

事实表明，作为西方民主政治理论基石的契约论[①]，契约能够得以实现必须有相应的规则作为保证，人性的贪婪和唯利是图必然要以法的强制力来约束。在分析非营利组织的税收政策的过程中，也是从个人主义的利己原则出发，以法治约束达成契约来构建我国非营利组织的税收政策体系，整篇都是以控制国家权力的滥用，保障非营利组织的本身和相关方的权利为核心进行的论述，体现“经济人”假设和功利主义的色彩。当然，不可否认经济人假设的利己主义在构建税法体系中的作用，但同时也要认

① 何历宇：《政治知识化与现代政治的成长：现代西方民主政治研究》，天津人民出版社 2008 年版，第 85 页。

识到仅有法律制度和法律的立法、执法和司法机构并不足以建立起真正意义上的法治秩序，形成法治最关键的因素说到底还是人，在于立法人员、执法人员以及司法人员的诚信立法、执法和司法，在于我国经济社会文化背景下的所有人从意识上进行改变，改变人治的思维模式、改变长期以来权大于法的定式思维、改变长期以来权力机关所形成的“为民做主的思维”。法贵在施行[①]，并应按照法定主义原则的要求实施，否则再完美的法律制度也只能是一纸空文。而且现实中有大量的社会捐赠、爱心救助都是无法用功利主义进行分析和解释的，一个和谐的社会秩序绝不是仅有冰冷的法治，市场经济中的人还有平等、互助和诚信精神。我国政府也认识到人文精神的关键作用，适时地提出了文化体制改革，把文化的发展和繁荣融入执政兴国的理念中，因为“文化是灵魂，经济是血肉”[②]。只有文化的发展和繁荣才能进一步促进民主和法制的进程，并走出一条有本国特色的发展之路。

① 刘剑文、王文婷：“公共财政理念下的预算范围调控之法律进路”，《重庆大学学报》（社会科学版），2011 年第 17 卷第 3 期。

② 高占祥：《文化力》，北京大学出版社 2007 年版，第 1 页。

参考文献

中文资料

1. 安体富、王海勇："非营利组织税收制度：国际比较与改革取向"，《地方财政研究》，2005 年第 12 期。

2. 白彦峰：《税权配置论：中国税权纵向划分问题研究》，中国财政经济出版社 2006 年版，第 90 页。

3. 陈共：《财政学》（第四版），中国人民大学出版社 2004 年版，第 17 页。

4. 陈金罗、葛云松等：《中国非营利组织法的基本问题》，中国方正出版社 2006 年版，第 9，23，27，78，79 页。

5. 陈洪波：《依法行政论丛》，湖北人民出版社 2010 年版，第 305—308 页。

6. 陈南华："中美非营利组织税收制度比较"，《涉外税务》，2005 年第 3 期。

7. 陈少英：《税法基本理论专题研究》，北京大学出版社 2009 年版，第 194—201 页。

8. 陈少英：《税法学教程》，北京大学出版社 2011 年版，第 48，409 页。

9. 程博："非营利组织信息披露系统体系设计"，《情报杂志》，第 31 卷第 1 期，2012 年 1 月。

10. 程普武、纪纲："非营利组织信息披露机制：一个理论框架"，《财贸研究》，2008 年第 4 期。

11. 程奕天:“慈善捐赠中的税收立法问题研究”,《知识经济》,2014 年第 12 期。

12. 陈影、章新蓉:“关于非营利组织商业化运作税收制度的探讨”,《中国注册会计师》,2012 年第 7 期。

13. 丛中笑:“税收国家及其法治构造”,《法学家》,2009 年第 5 期。

14. 丛晓峰等:《社会公正与社会进步若干问题研究》,山东人民出版社 2005 年版,第 197 页。

15. 崔雪松:《新华都教父陈发树》,华中科技大学出版社 2010 年版,第 209 页。

16. 丁美东:《非营利组织及其价格机制研究》,中国财政经济出版社 2004 年版,第 46 页。

17. 付强:“关于完善非营利组织税收政策的探讨”,《财政税务》,2012 年 1 月下半期。

18. 高兆明:“人民正义:正义理论的中国问题意识”,《南京师大学报》(社会科学版),2012 年第 2 期。

19. 高占祥:《文化力》,北京大学出版社 2007 年版,第 1 页。

20. 葛红岩、方露月:“上海非营利组织的调查及发展对策”,《中国经贸导刊》,2012 年第 17 期。

21. 葛克昌:《税法基本问题》,台湾月旦出版社有限公司 1996 年版,第 173 页。

22. 葛克昌:《所得税与宪法》,北京大学出版社 2004 年版,第 10 页。

23. 郭云生:“从受托责任观视角看我国非营利组织会计信息披露”,《会计师》,2009 年第 5 期。

24. 国家税务总局课题组:“非营利组织税收制度研究”,

《税务研究》，2004 年第 12 期。

25. 何历宇：《政治知识化与现代政治的成长：现代西方民主政治研究》，天津人民出版社 2008 年版，第 85 页。

26. 胡锦涛：《胡锦涛在中国共产党第十七次全国代表大会上的报告》，2007 年 10 月 15 日。

27. 胡建怡："非营利组织税收问题研究"，厦门大学财政系、厦门市税务学会：《两岸租税问题探索——海峡两岸租税学术研讨会论文集》，2006 年 8 月，第 634—642 页。

28. 胡玉鸿："人的模式构造与法理学研究"，《中外法学》，2000 年第 5 期。

29. 胡晓红：《中国反倾销法理论与实践》，中国社会科学出版社 2007 年版，第 227 页。

30. 黄又生："事业单位改革'加''减'法辨析"。焦凤君：《法治政府建设研究》，合肥工业大学出版社 2011 年版，第 412 页。

31. 黄丽燕："试谈司法公正对法官角色的要求"，《中国校外教育》，2012 年第 1 期。

32. 金松杨、肯罗："用经济学的方法研究非营利组织的税收和立法：对中国的分析和建议"，2007 年中国慈善立法国际研讨会会议论文。

33. 蒋锦洪：《经济发展中的人本诉求研究》，上海辞书出版社 2007 年版，第 167—170 页。

34. 金锦萍："论我国非营利组织所得税优惠政策及其法理基础"，《求是学刊》，2009 年第 1 期。

35. 金锦萍、葛云松：《外国非营利组织法译汇》，北京大学出版社 2006 年版，第 78，168，309 页。

36. 金锦萍："对非营利组织进行分类甄别是税收优惠制度

的前提”，《中国社会组织》，2014 年第 5 期。

37. 冷明权、张智勇：《经济社团的理论与案例》，社会科学文献出版社 2004 年版，第 23 页。

38. 刘明翰：《欧洲文艺复兴史》（政治卷），人民出版社 2006 年版，第 38 页。

39. 刘磊：“非营利组织所得税课税问题研究”，《涉外税务》2006 年第 7 期。

40. 李春艳：“浅析会计监督的内容及作用”，《科技信息》（学术研究），2007 年第 6 期。

41. 李永新：《申论 2008 年最新版》，人民日报出版社 2007 年版，第 85 页。

42. 李玉娟：“非营利组织税收优惠和制度最新发展及存在的问题”，《西南政法大学学报》，2011 年第 2 期。

43. 林广华：“借鉴英美等国经验促进我国慈善事业发展”，《中国发展观察》，2007 年第 10 期。

44. 梁小民：“经济学家不能治国”，《读书》，2003 年第 11 期。

45. 刘剑文等：《财税法丛论》（第九卷），法律出版社 2007 年版，第 47 页。

46. 刘剑文：《财税法专题研究》，北京大学出版社 2007 年版，第 189—193 页，499 页。

47. 刘剑文、王文婷：“公共财政理念下的预算范围调控之法律进路”，《重庆大学学报》（社会科学版），2011 年第 17 卷第 3 期。

48. 刘京：《2008 中国慈善捐赠发展蓝皮书》，中国社会出版社 2009 年版，第 15，58 页。

49. 刘军：“马克思主义国家理论视域中的社会管理模式创

新”，《高校理论战线》，2013 年第 2 期。

50. 刘磊：《中国企业所得税改革》，中国财政经济出版社 2007 年版，第 30—33 页。

51. 刘植才：“浅谈非营利组织的国际业务税务筹划”，《扬州大学税务学院学报》，2010 年第 4 期。

52. 龙献忠、吕珈：“美国非营利组织税收制度及其启示”，《产业与科技论坛》，2008 年第 6 期。

53. 路锦非：《中国养老金市场的价值链研究》，华东师范大学出版社 2012 年版，第 23 页。

54. 马凯：“积极稳妥地推进事业单位分类改革”，《国家行政学院学报》，2012 年第 2 期。

55. 孟凡麟：“司法改革：司法本性的沦丧与重塑”，《甘肃社会科学》，2003 年第 2 期。

56. 钱俊文：《国家征税权的合宪性控制》，法律出版社 2007 年版，第 62，86，87，93，115，136，185，232 页，封底页。

57. 彭中礼：“论社群主义思想产生和发展的背景与前提”，《今日南国》（理论创新版），2008 年第 5 期。

58. 秋风：《政府的本分》，江苏文艺出版社 2011 年版，第 239 页。

59. 曲顺兰：“非营利组织税收问题研究”，《山东经济》，2005 年第 3 期。

60. 曲顺兰：“非营利组织税收问题研究”，厦门大学财政系、厦门市税务学会：《两岸租税问题探索——海峡两岸租税学术研讨会论文集》，2006 年 8 月，第 659—668 页。

61. 任玉珑、王恒炎、刘贞：“环境监管中的合谋博弈分析与防范机制”，《统计与决策》，2008 年第 9 期。

62. 宋丙涛："公共财政、民主财政与经济危机——一个公共经济学视角的分析"，《财政与税务》，2012 年第 7 期。

63. 宋蓓："民生工程视角下的非营利组织"，《学术界》，2011 年第 11 期。

64. 宋衍涛："政治正义性与正义的统治——构建正义国家的价值前提"，《北京师范大学学报》（社会科学版），2010 年第 3 期。

65. 邵金荣：《非营利组织与免税》社会科学文献出版社 2003 年版，第 43，44，165 页。

66. 孙鹤汀：《征地纠纷的政治学分析》，知识产权出版社 2011 年版，第 165 页。

67. 唐雯："论非营利组织所得税优惠的制度基础"，《山西财政税务专科学校学报》，2011 年第 6 期。

68. 陶水莲："非营利组织：税收与发展"，《现代商业》，2015 年第 28 期。

69. 王志刚："论非营利组织的免税要件"，杨紫烜：《经济法研究》（第五卷），北京大学出版社 2007 年版，第 382 页。

70. 王兰："和谐社会视野中的我国非营利组织法律规制建设"，《辽宁行政学院学报》，2008 年第 6 期。

71. 王名等：《中国社团改革——从政府选择到社会选择》，社会科学文献出版社 2001 年版，第 3 页。

72. 王名：《非营利组织管理概论》，中国人民大学出版社 2002 年版，第 12，52，53 页。

73. 王名、刘国翰、何建宇：《中国社团改革》，社会科学文献出版社 2001 年版，第 5，107—108 页。

74. 王名："改革民间组织双重管理体制的分析和建议"，《中国行政管理》，2007 年第 4 期。

75. 王名、贾西津："中国非营利组织定义、发展与政策建议"，范丽珠：《全球化的社会变迁与非政府组织（NGO）》，上海人民出版社 2003 年版，第 262—283 页。

76. 王鸿貌：《税法学的立场和理论》，中国税务出版社 2008 年版，第 131，214 页。

77. 王锐："慈善捐赠的财税激励政策缺陷探究——兼论民间慈善组织面临的'四大困局'"，《审计与经济研究》，2009 年第 3 期。

78. 王学栋、赵雯："中美非营利组织税收政策比较探微"，《生产力研究》，2007 年第 2 期。

79. 王志刚："第三部门免税资格认定之理论探讨"，《城市经济与微区位研究——全国城市经济地理与微区位学术研讨会论文集》，2004 年。

80. 王琰："环境问题驱动下的环境关心：基于 WVS2010 的跨国多层分析"，《南京工业大学学报（社会科学版）》，2016 年 12 月第 4 期。

81. 温家宝：《政府工作报告》，2011 年 3 月 5 日第十一届全国人民代表大会第四次会议。

82. 吴刚：《非营利组织概论》，北京出版社 2008 年版，第 47，50 页。

83. 温艳萍：《民间非营利组织的社会与经济效应研究》，上海人民出版社 2008 年版，第 2 页。

84. 徐安琪："孩子的经济成本：转型期的结构变化和优化"，《青年研究》，2004 年第 12 期。

85. 许捷："非营利组织税式支出的国际借鉴"，《涉外税务》，2008 年第 7 期。

86. 徐孟州、侯作前："论非营利组织的税法地位"，《江西财经大学学报》，2004 年第 3 期。

87. 徐育苗：《当代西方政治思潮评析》，武汉出版社 1992 年版，第 229 页。

88. 徐宇珊、刘华电："国外非营利组织税收制度介绍"，《涉外税务》，2007 年第 11 期。

89. 【台湾】许崇源、吴国明："我国非营利组织租税征免之实证研究"，《当代会计》（第 3 卷第 1 期），2002 年 5 月。

90. 阳德华、陈涛："对我国非营利组织的税制改革的探讨"，《中国商界》，2010 年第 10 期。

91. 杨龙：《中国政府近期主要问题的政治分析》，天津教育出版社 2007 年版，第 171 页。

92. 杨龙军："美国非营利组织税收制度及其借鉴"，《涉外税务》，2004 年第 11 期。

93. 杨盛达："个人、社会与国家：补充原则及其变通"，中国宪法学研究会 2012 年年会。

94. 杨团：《中国慈善发展报告 2011》，社会科学文献出版社 2011 年版，第 45—46 页。

95. 杨荣军："我国非营利组织的税收法律制度"，《经营与管理》，2007 年第 12 期。

96. 袁红兵："美国对第三部门税收制度的设计及其启示"，《商业时代》，2009 年第 9 期。

97. 俞路："事业单位改革的五点思考"，《中国行政管理》，2011 年第 5 期。

98. 于晶利：《社会工作概论》，山东人民出版社 2012 年版，第 29—30 页。

99. 于立宏："规制俘获与规制权力分离理论选择"，《产业经济》，2010 年第 3 期。

100. 张康之、张乾友："政治哲学视野中的正义"，《浙江社会科学》，2012 年第 12 期。

101. 张守文：《财税法学》（第三版），中国人民大学出版社 2011 年版，第 153—157 页。

102. 张守文：《财税法学》（第二版），中国人民大学出版社 2010 年版，第 205 页。

103. 张守文：《财税法疏议》，北京大学出版社 2005 年版，第 152 页。

104. 张守文："略论对第三部门的税法规制"，《法学评论》，2000 年第 3 期。

105. 张松：《税法原理》，中国税务出版社 2008 年版，第 52 页。

106. 张勤谋、耿秀芹："我国非营利组织面临的资金问题及对策"，《会计之友》，2011 年第 8 期。

107. 张庆龙：《政府部门内部控制框架设计与有效运行》，化学工业出版社 2012 年版，第 4 页。

108. 张美中：《税收契约理论研究》，中国财政经济出版社 2007 年版，第 193 页。

109. 郑古：《世界重大学术成果精选——华人卷Ⅱ》（珍藏版），世界文献出版社 2006 年版，第 400 页。

110. 卓越：《政府成本控制研究》，中国社会科学出版社 2011 年版，第 60—61 页。

111. 占苏："非营利组织营利收入及其税收优惠可行性探讨"，《价格月刊》，2010 年第 11 期。

国外翻译资料

1. 【意】埃里希·科齐勒：《税收行为的经济心理学》，国家税务总局税收科学研究所译，中国财政经济出版社 2012 年版，第 139 页。

2. 【日】金子宏:《日本税法原理》,刘多田等译,中国财政经济出版社 1989 年版,第 47 页。

3. 【日】金子宏:《日本税法》,战宪斌、郑林根等译,法律出版社 2004 年版,第 15 页。

4. 【美】利昂·E. 艾里什、靳东升、卡拉·西蒙:《中国非营利组织适用税法研究》,世界银行委托报告 2004 年第 12 期,第 7,112 页。

5. 【美】莱斯特·M. 萨拉蒙 (Lester M. Salamon) 等:《全民公民社会非营利部门视界》,贾西津、魏玉等译,社会科学文献出版社 2007 年版,第 8—9 页。

6. 【美】莱斯特·M. 萨拉蒙:《公共服务中的伙伴:现代福利国家中政府与非营利组织的关系》,商务印书馆 2008 年版,第 243 页。

7. 【美】莱斯特·M. 萨拉蒙等:《全球公民社会非营利部门视界》,贾西津、魏玉等译,社会科学文献出版社 2007 年版,第 3 页。

8. 【法】孟德斯鸠:《论法的精神》(下卷),许明龙译,商务印书馆 2010 年版,第 174—175 页。

9. 【意】萨尔沃·巴斯泰罗内:《欧洲政治思想史——从十五世纪到二十世纪》,黄华光译,社会文献出版社 1992 年版,第 264 页。

10. 【美】约翰·罗尔斯:《正义论》,何怀红等译,中国社会科学出版社 1988 年版,第 1 页。

11. 亚当·斯密:《国富论》,郭大力、王亚南译,上海三联书店 2009 年版,第 311 页。

12. 亚当·斯密:《道德情操论》,谢宗林译,中央编译出版社 2008 年版，首页。

中文网站资料：

1. 人民网—人民日报，2012 年 7 月 11 日，“多管齐下促‘减负’——看病费用如何降低”，http：//www. npopss－cn. gov. cn/n/2012/0711/c219468－18491010. html。

2. 人民日报，2012 年 7 月 11 日，“看病难看病贵仍突出，国家多管齐下减负”。

3. 中国新闻网：“中国官方首次公布 2003 至 2012 年基尼系数”，http：// news. 163. com/13/0118/11/8LGH1BBF00014JB6. html。

4. 中国网：“民政部就《中国慈善事业发展指导纲要》征集意见”，http：// news. china. com. cn/txt/2011－07/08/content_ 22948971. htm。

5. 中国社会组织网，“民政部发布 2012 年社会服务发展统计公报”，http：// www. chinanpo. gov. cn/2201/66026/yjzlkindex. html。

6. 人民网，“调查称仅 1 成受访者愿通过官方慈善机构捐款物”，http：// hb. people. com. cn/n/2013/0503/c194063－18582019. html，2012 年 5 月 3 日。

7. http：// zh. wikipedia. org/wiki/% E9% 83% AD% E7% BE% 8E% E7% BE% 8E% E4% BA% 8B% E4% BB% B6。维基百科，“郭美美事件”。

8. 北京晚报，2011 年 9 月 14 日第 3 版，“全国社会捐款 7 月环比减半”。

外文资料

1. 【英】安德鲁·海伍德：《政治学导论》（第三版）（英文版），中国人民大学出版社，第 248 页。

2. Alexander Vinnikov, "why Advance the Legislation on Public Benefit Activities in the Ukraine?" The International Journal of Not - for - Profit Law Volume 2, Issue 1, May 1999.

3. Atkinson, Rob, "Theories of the Federal Income Tax Exemption for Charities: Thesis, Antithesis, and Syntheses"; National Center on Philanthropy and the law (New York, OCT. 11, 1991).

4. Bonnie S Brier and Ana Thompson, "The Appropriate Role Of The Internal Revenue Service With Respect To Tax - Exempt Organization Good Governance Issues", the tenth report of ACT (the advisory committee on tax exempt and government entities), 2011 - 6 - 15.

5. David Moore, Katerina Hadzi - Miceva, and Nilda Bullain, "A Comparative Overview of Public Benefit Status in Europe", International journal of not - for - profit law /vol. 11, no, November 2008 - 5.

6. Karen Nelson, "The Taxation of NPOs in South Africa", The Internation Journal of Not - for - Profit Law V3, I1 SEP. 2000.

7. Frank J. Soraut, "The Public Interest Reconsidered Journal of Politics 19th, Nov. 1957. PP. 616—639.

8. H Hansmann, " The nonprofit sector: A research handbook", 1987 - ppge. ufrgs. br, pag. 33.

9. Levitt, T, The Third sector: New Tactics for a Responsive Society. New York: Amacom. 1973.

10. Mark A. Hall, John D. Colombo, "The Donative Theory of the Charitable Tax Exemption" Ohio State Law Journal 1379 (1991). Nuzhat Malik, "defining 'charity' and 'charitable purpose' in the United Kingdom", The International Journal of Not - for - Profit Law

Volume11, no 1, November 2008.

11. Petr Pajas, "Recognition of Public Benefit in Legal Systems of Several Nations", The International Journal of Not – for – Profit Law Volume 2, Issue 1, May 1999.

12. Peter R. Elson, "The origin of the Species: Why Charity Regulations in Canada and England Continue to Reflect Their Origins", International journal of not – for – profit law/vol. 12, No. 3. May 2010/75.

13. Rob Atkinson, "Altruism in Nonprofit Organization", Boston College Law Review, Volum xxx1, May 1990, Number 3.

14. Robert J. Yetman, "Tax – Motivated Expense Allocations by Nonprofit Organizations", The Accounting Review, Vol. 76, No. 3 (Jul., 2001), pp. 297—311.

15. Stephen Fishman, "Every Nonprofit's Tax Guide: How to Keep Your Tax – Exempt Status and Avoid IRS problems", pag. 5—7, 20—30, Copyright @2009 by Nelo.

16. Wino J. M. van Veen, "Public Benefit Status in the Netherlands", The International Journal of Not – for – Profit Law Volume 2, Issue 1, May 1999.

英文法规

1. Charities Act 2011 (C. 25), Part 1, Chapter 1, Page 2.

2. Charities Act 2011 (C. 25), Part 1, Chapter 1, Page 3.

3. Department of the Treasury Internal Revenue Service Publication 557: Tax – Exempt Status for your Organization (Rev January 2017) Cat. No. 46573C, page 59—64.

4. Department of the Treasury Internal Revenue Service Publication 557: Tax – Exempt Status for your Organization (Rev January

2017) Cat. No. 46573C, page 64.

5. HM Revence & Customs Publications guidance AnnexⅡ: non - charitable expenditure, Published: 17 September 2013.

6. Department of the Treasury Internal Revenue Service Publication 4221 - pc: Compliance Guide for 501 (c) (3) Public Charities, page 4—8.

7. Department of the Treasury Internal Revenue Service Publication 5180: Exempt Organization page 12—14.

8. Department of the Treasury Internal Revenue Service Bulletin No. 2006 - 31 July 31, 2006.

9. Finance Act 2010 (C. 13) Schedule 6, Part 1.

10. HM Revenue & Customs, Guidance Chapter 2: Application for recognition as a charity for tax purposes, updated 22 July 2015.

HM Revenue & Customs Guidance Chapter 3: Gift Aid, published 17 September 2013.

11. Internal Revenue Service, Instructions for Form 1023, Rev. June 2006.

12. HM Revenue & Customs Guidance on the fit and proper persons test, Pub. 23 Nove. 2014.

13. HM Revenue & Customs Guidance Chapter 4: Payroll Giving, published 17 September 2013.

14. HM Revenue & Customs AnnexⅣ: trading and business activities - basic Principles, published 17 september 2013.

15. HM Revenue & Customs Guidance Annex Ⅱ: non - charitable expenditure, 22 July, 2015.

16. HM Revenue & Customs Guidance Chapter 7: Audits by HMRC Charities, 22 July 2015.

17. HM Revence & Customs Publications guidance Annex Ⅷ: tained charity donation, Published: 17 September 2013.

18. HM Revenue & Customs Guidance Chapter 5: Giving Land, buildings, shares and securities to charity, published 17 September 2013.

19. Internal Revenue Service, 2011 Instructions for Form 990 Return of organization Exempt From Income Tax.

20. IRS, Tax – Exempt Status for Your Organization, Publication 557, Rev. February 2015.

21. Internal Revenue Service Data Book, 2011.

22. Internal Revenue Service Publication 526: Charitiable Contributions, Jan 13, 2015.

23. Internal Revenue Service 1040 Instructions (Cat No. 248 ⅡV), Jan 26, 2015.

24. Internal Revenue Service Publication 598 Cat. No. 46598X: Tax on Unrelated Business Income of Exempt organization, Jan 07, 2015.

25. IRS, Tax Exempt Status for Your Organization, IRS Publication 557, Rev February 2015.

26. The Charity Commision, Charity Reporting and Accounting: The essentials, January 2013.

27. The Charity Commission, "Public Benefit requirement (PBI)", 16 September 2013.

28. http: //www. irs. gov/Government – Entities/Tax – Exempt – Government – Entities – Division – At – a – Glance.

29. http: //www. charitycomission. gov. uk/how – to – complain.

30. http: //www. irs. gov/Charities – & – Non – Profits/Pension –

Protection - Act - of - 2006 - Revises - EO - Tax - Rules.

31. http：//www. hmrc. gov. uk/charities/gift - aid/benefits. htm #4.

32. Internal Revenue Service Data Book，2011.

后 记

民众幸福、社会和谐和国家的强盛，是税收法律制度关注的主题，它们背后实际上是各个主体之间相互博弈后的结果。一个国家和民族要走向富强和繁荣，应该是全体人民都能够享有其成果，而不是特权阶层和精英阶层独享。从我考取中国人民大学，并成为该校的一名学子以来，我就秉承恩师岳树民教授的教诲，以非营利组织税收政策研究为核心，按照法定主义原则和公平原则重新构建我国非营利组织税收政策的框架。

可以说这一路走来，充满了艰辛和困苦。在本书的撰写过程中，女儿尚小，我也深受病痛的折磨。我的恩师岳树民教授给予了我强大的支持，才能够使我完成本书的写作。岳老师的认真细致、为人师表、对学问一丝不苟的精神激励着我不断进取。在撰写本文的过程中，岳树民教授给予我多方面的指导和帮助，朱青教授、孙玉栋教授也纷纷提出建设性的意见和建议，北京国家会计学院的马永义教授、于长春教授、杨志强教授、张庆龙教授、李旭红教授、聂兴凯博士以及教务部的同志们，在学术上和工作上给予我多方面的关照、帮助和启发。我的同学蒋震博士、张宇麟博士、梁军博士也给我提出了很多真知灼见。本人在此向各位表示深深的感谢。

我还要感谢我的夫人张润泽女士和女儿李天舒，是她们的鼓励、理解和奉献，使我有时间又能在良好的环境中完成本书的写作。

本人天资愚钝，整合多种理论、跨学科学习和研究的能力不足，书中的观点和论证必将有不足和谬误，恳请各位学者和同仁指正。

李向辉

2017年11月